Hübner · Nemitz | Abend über Potsdam

Theater der Gegenwart

Lutz Hübner

Sarah Nemitz

Abend über Potsdam

Nachwort und Anmerkungen
von Sascha Feuchert

Reclam

2., durchgesehene Auflage 2024

RECLAMS UNIVERSAL-BIBLIOTHEK Nr. 14175
2021, 2024 Philipp Reclam jun. Verlag GmbH,
Siemensstraße 32, 71254 Ditzingen
info@reclam.de

Gestaltung: Cornelia Feyll, Friedrich Forssman
Druck und Bindung: Esser printSolutions GmbH,
Untere Sonnenstraße 5, 84030 Ergolding
Printed in Germany 2025
RECLAM, UNIVERSAL-BIBLIOTHEK und
RECLAMS UNIVERSAL-BIBLIOTHEK sind eingetragene Marken
der Philipp Reclam jun. GmbH & Co. KG, Stuttgart
ISBN 978-3-15-014175-5
reclam.de

Personen

LOTTE LASERSTEIN, 31 Jahre, Malerin
TRAUTE ROSE, 28 Jahre, Angestellte
ERNST ROSE, 34 Jahre, Dramaturg
BODO IMHOFF, 33 Jahre, Journalist
LISE HENKEL, 19 Jahre, Telefonistin
MARIA GOLDMANN, 24 Jahre, Modell

Ort
Terrasse über Potsdam (1. Szene)
Atelier Lotte Laserstein (2.–11. Szene)

Zeit
29. 9. 1929 – 14. 9. 1930

Lotte Laserstein: Abend über Potsdam, 1930.
Öl auf Holz, 110 × 205,5 cm. Nationalgalerie Berlin.
Bild-Nr. 00090586 – © bpk / Nationalgalerie, SMB / Roman März –
© VG Bild-Kunst, Bonn 2021

Erste Szene

29. September 1929

Terrasse über Potsdam, ein schmiedeeisernes Geländer, eventuell Blick auf Potsdam oder offene Bühne bis zur Brandmauer. Über der Spielfläche hängt ein 2 mal 1 Meter großes weißes Holzbrett, auf das projiziert werden kann. Von der Seite tritt Lotte auf.

LOTTE. So, hier ist es.
(Traute, Ernst, Bodo und Lise treten auf, stellen sich ans Geländer und betrachten die Aussicht.)

LISE. Ist das schön.

BODO. Bist du dir sicher, dass du uns mit auf dem Bild haben willst? Wir stören doch nur.

LOTTE *(lacht)*. Ja, ich bin mir sicher.

ERNST. Was ist das dort hinten eigentlich?

TRAUTE. Was denn?

ERNST. Dieser Turm da am Berg, den kenne ich gar nicht.

TRAUTE. Schatz, woher soll ich das wissen.

ERNST. Ich habe allgemein in die Runde gefragt. Ich bin nicht sattelfest in Heimatkunde und ich stehe erhobenen Hauptes dazu.

BODO. Das ist die Erlöserkirche.

ERNST. Gut, dass wir wenigstens einen gebildeten Menschen dabeihaben.

BODO. In meinem Beruf muss ich mich mit allem auskennen.

LOTTE. Und was der Dichter nicht kennt, erfindet er.

BODO. Aber es könnte der Turm einer Erlöserkirche sein, oder?

(Lachen.)

TRAUTE. Es zieht sich langsam zu, wir sollten anfangen.

LISE. Fehlt nicht noch jemand? Sollten wir nicht fünf sein?

LOTTE. Maria Goldmann, sie kommt direkt hierher.

ERNST. Haben wir eine Original-Potsdamerin dabei?

LOTTE. Nein, sie arbeitet zufällig heute in Babelsberg.

BODO. Arbeit? Wir haben eine Original-Proletarierin dabei?

LOTTE. Sie ist Modell.

LISE. Sie ist Mannequin? Wirklich?

LOTTE. Nein, sie steht Modell. Für Künstler.

LISE. In Babelsberg?

LOTTE. Das kann sie euch nachher alles selbst erklären.

TRAUTE. Sollen wir anfangen, Lotte?

LOTTE. Ja, ich muss das Licht nutzen, wir sind spät dran.

(Sie setzen sich in Bewegung. Traute und Lise gehen vor.)

BODO. Also, gesamte Bagage nach draußen. Erster Zug Tisch und Hocker, zweiter Zug Körbe, danach weitere Befehle abwarten, wann Gefechtsstellung bezogen wird.

ERNST. Klingt vertraut.

BODO. Hat es dich noch erwischt?

ERNST. Letzter Jahrgang. Grundausbildung, kurz vor der Frontverschickung war Schluss.

BODO. Glück gehabt.

ERNST. Und selbst, wenn man fragen darf?

BODO. Dito. Etappenhengst. Schreibstube.

(Lise und Traute kommen mit Körben und Pappkoffern wieder.)

TRAUTE. Hat es die Blüte des deutschen Kriegertums dann mal oder sollen wir alles alleine machen?

(Bodo und Ernst gehen ab.)

LOTTE. Ich kann euch leider nicht helfen, sonst zittern mir nachher die Hände.

TRAUTE. Ist doch klar.

LISE. Frau Laserstein? Ich habe noch ein paar andere Kleider dabei …

LOTTE. Lotte.

LISE. Verzeihung, das fällt mir immer noch schwer. Soll ich das Rote anbehalten?

LOTTE. Ich mache heute nur Hintergrund und Silhouetten, das entscheiden wir im Atelier.

(Ernst und Bodo kommen mit einer Bierbank wieder.)

ERNST. Wohin?

LOTTE. Da, direkt vor das Geländer.

BODO. Es sind nur vier Hocker da.

LOTTE. Das reicht.

(Bodo und Ernst wieder ab. Traute legt ein schweres weißes Leintuch auf den Tisch. Lotte beginnt ihre Tasche auszupacken.)

TRAUTE. Lise, hilfst du mir?

(Lise kommt zu Traute und breitet mit ihr das Leintuch aus.)

TRAUTE. Wem gehört das Haus eigentlich?

LOTTE. Den Eltern einer Schülerin, sie sind bis Sonntagabend in Warnemünde. Ich kann hier an den Wochenenden arbeiten, bis ihr Boot aus dem Wasser kommt.

TRAUTE. Soll ich die Falten ausbügeln? Gibt es hier im Haus ein Plätteisen?

LOTTE. Ohne Faltenwurf keine Renaissancemalerei, ergo

keine abendländische Kunstgeschichte. So hieß es auf der Akademie immer.

LISE. Also lassen wir das so?

TRAUTE. Ich glaube, das wollte sie damit sagen.

LISE. Man muss die ja nicht mitmalen.

(Traute und Lotte lachen.)

LISE. Habe ich was Dummes gesagt?

TRAUTE. Du bist goldrichtig.

(Bodo und Ernst kommen mit Hockern. Die Frauen holen aus den Körben Teller, Gläser, Flaschen, Obst und Brot und drapieren es auf dem Tisch.)

ERNST. Welches Arrangement? Klassisches Abendmahl? Da Vinci? Flämisch?

BODO. Ich bin der Erlöser. Erster ohne Streit.

ERNST. Judas, die Verräter sind immer die interessanteren Rollen.

LISE. Über so etwas kann man doch keine Witze machen.

BODO. Doch, das geht, Lischen, es ist ganz einfach, probiere es aus.

LOTTE. Ich danke euch, den Rest mache ich selbst.

(Lotte ändert das Arrangement der Requisiten auf dem Tisch, Lise zieht sich einen Hocker heran und setzt sich an den Tisch, sie gähnt und reibt sich über das Gesicht. Bodo und Ernst gehen etwas seitab, um eine Zigarette zu rauchen und sich leise zu unterhalten. Traute streckt sich, um ihren verspannten Rücken zu entlasten.)

LOTTE. Ist es wieder spät geworden, Lise?

LISE. Bisschen. Aber nichts meiner Mutter sagen, sie hat geschlafen, als ich heimkam.

LOTTE. Ein frommer Wunsch. Wo warst du diesmal?

LISE. Tanztee Europahaus, danach in der Eisenacher bei einer privaten Party.

LOTTE. Party? Nennt man das jetzt so?

(Maria kommt, sie wirkt abgehetzt, auf ihrem hellen Rock sind Dreckspuren. Sie spricht mit leichtem polnischen Akzent.)

MARIA. Entschuldigung vielmals, ich bin zu spät.

LOTTE. Nein, alles gut.

MARIA. Diese dummen Köter sind an mir hochgesprungen, ich habe ewig versucht, es auszuwaschen. So kann ich doch nicht auf die Straße. Sogar der Taxifahrer hat schief geschaut.

LOTTE. Was bekommst du dafür?

MARIA. Für Taxi? Nein, das war meine eigene Schuld. Darf ich einen Schluck Wasser? *(Sie geht zum Tisch und schenkt sich ein Glas Wasser ein.)*

ERNST. Finger weg! Requisite.

TRAUTE. Hör nicht auf ihn.

MARIA. Wo ist das Bad? Ich versuche es noch einmal.

LOTTE. Ist egal. Es wird kein Foto.

TRAUTE. Und man muss es ja nicht mitmalen.

(Lachen.)

TRAUTE. Soll ich dir eines von meinen Kleidern geben? Wir müssten ungefähr dieselbe Größe haben.

MARIA. Oh bitte, wenn das geht?

(Maria und Traute ab.)

LISE. Sie ist so schön. Wie Camilla Horn.

BODO. Großartig, wir werden wie hässliche Zwerge neben ihr aussehen.

ERNST. Sehr charmant gegenüber allen anwesenden Damen.

LISE. Mir macht das nichts, ich weiß, dass ich nicht schön bin. Meine Mutter sagt immer, ich bin apart, das muss reichen.

(Bodo setzt sich neben Lise.)

BODO. Pardonnez moi, Mademoiselle, ich meinte natürlich nur die Männer.

ERNST. Das wird ja immer besser.

BODO. Aber Lotte wird uns alle schöner aussehen lassen.

ERNST. Irgendeinen Vorteil muss diese altmodische Darstellungsform schließlich haben, oder?

LOTTE. Entschuldigung, ich habe gerade nicht zugehört.

BODO. Gottseidank.

(Traute und Maria kommen wieder, Maria trägt jetzt ein dunkelgrünes, leicht changierendes Seidenkleid.)

TRAUTE. Ist nur ein Vorschlag.

LOTTE. Sehr schön.

ERNST. Und wo haben Sie Ihre Hunde gelassen, wenn ich fragen darf?

MARIA. Ich führe sie nur aus. Ich muss Geld verdienen.

LISE. Ich dachte, du bist Mannequin.

TRAUTE. Vielleicht eine kurze Vorstellungsrunde?

LOTTE. Bodo Imhoff, Journalist beim Vossischen Tagblatt.

BODO. Vorhin war ich noch ein Dichter.

LOTTE. Genau, Dichter.

BODO. Nur ein Scherz. Unveröffentlichter Schriftsteller, vulgo: Journaille.

LOTTE. Elisabeth, die Tochter meiner Concierge.

LISE. Und Telefonistin.

LOTTE. Brauchen wir das so ausführlich? Die Figuren mache ich sowieso in Einzelsitzungen mit euch.

BODO. Wenn wir schon zusammen in die Kunstgeschichte eingehen, sollten sich alle kennen.

ERNST. Ernst Rose. Ich bin Dramaturg.

MARIA. Was ist das?

ERNST. Das frage ich mich praktisch jeden Tag, den Gott werden lässt. Ich bin übrigens nur hier, weil ich ein markantes Kinn habe.

LOTTE. Traute kennst du. Maria, Malermodell.

(Alle haben sich die Hand gegeben.)

ERNST. Seit wann müssen Modelle mit den Hunden raus? Verdient man da so wenig?

TRAUTE. Ich glaube nicht, dass du das gerade wirklich fragst, Ernst.

MARIA. Fleisch ist billig. Menschenfleisch. Und alle denken, Modell stehen ist einfach. Ist es aber nicht.

BODO. Mach uns nur Mut.

TRAUTE. Fangen wir an?

LOTTE. Gern.

BODO. Was sollen wir tun, Madame?

LOTTE. Ich weiß es noch nicht.

ERNST. Es ist ja eigentlich ein Bühnenarrangement. Ich könnte mir, als Theatermensch gesprochen, vorstellen, dass …

TRAUTE. Ernst, lass es.

ERNST. Gut. Ich wollte nur helfen.

(Kurze Stille.)

LOTTE. Schiebt den Tisch ein wenig nach links.

(Man tut es.)

TRAUTE. Lotte, willst du vorher vielleicht beschreiben, welche … Stimmung du haben möchtest?

LOTTE. Eine Gruppe von Freunden auf einer Dachterrasse.

BODO. Zwei machen Handstand, einer eine Brücke, der Rest steht auf einem Bein.

ERNST. Versuch, sachlich zu bleiben, Bodo, so wie Lotte.

BODO. Neusachlich.

(Die Männer lachen.)

MARIA. Sie müssen ruhig sein, Männer, sie malt das Bild, ihr seid nur Farbe auf Leinwand, ihr müsst Respekt haben.

BODO. Haben wir ja prinzipiell.

ERNST. Ja, aber trotzdem, man sollte vielleicht doch eine gewisse Vorstellung haben.

LOTTE. Wenn ich es klar formulieren könnte, müsste ich es nicht malen.

ERNST. Typische Künstlerausrede.

MARIA. Ihr seid wie Kinder, die immer plappern, sie muss jetzt nachdenken, versteht ihr das nicht? Das ist nicht so schwer, jeder Dummkopf kann das verstehen!

TRAUTE. Danke.

ERNST. Bitte um Entschuldigung.

BODO. Schließe mich an.

(Stille. Dann nimmt Lotte Lise an der Hand und platziert sie in der Mitte des Tisches.)

LISE. Ich soll in die Mitte?

LOTTE. Stütz dich auf dem Tisch ab, die Arme übereinander, müde und zufrieden, wie eben, als du von gestern Nacht erzählt hast. Ernst mit dem Hocker vor den Tisch, stütz den Kopf auf die Linke, ein Glas in der Rechten. Wie vorhin, als keiner mit dir sprach, genieße die Aussicht, ein bisschen hingeflegelt. Bodo neben Lise, du willst sie mit einem Scherz oder einem Kompliment aus ihrer Versunkenheit holen, du überlegst.

BODO. Und wird es mir gelingen?

LOTTE. Das überlasse ich dir. Traute? Du hast dich vorhin etwas gedehnt, nachdem du die Kisten abgestellt hast. Stell dich neben Ernst, als ob du deine Rückenmuskeln lockerst, entspannt, nur ein wenig, so, ja.

TRAUTE. Ist das gut? Also ein gutes Gefühl? Oder schmerzhaft.

LOTTE. Eher gut. Maria, du hast dir vorhin ein Glas Wasser eingeschenkt, als du ankamst. Nimm den Krug und schenke dir ein.

(Maria nimmt die Pose ein. Lotte betrachtet die Szene.)

LOTTE. Etwas stimmt nicht.

MARIA. Verzeihung. Darf ich etwas vorschlagen?

LOTTE. Bitte.

(Maria dreht sich etwas mehr zum Tisch.)

LOTTE. Ja, das ist besser.

BODO. Darf ich auch meine Haltung ändern?

LOTTE. Nein.

BODO. Aber mir schläft der rechte Arm ein. Das Geländer ist zu hoch.

ERNST. Frag meine linke Hinterbacke.

LOTTE. Nicht bewegen. Ich mache ein Foto für die Ateliersitzungen. Ist nur eine Erinnerungsstütze. *(Sie fotografiert die Szene, die Silhouetten der Sitzenden erscheinen als Linien auf dem weißen Brett über der Bühne.)*

Zweite Szene

November 1929

Das Atelier von Lotte Laserstein in Berlin Friedenau. Der gedeckte Tisch aus der ersten Szene, eine alte Ballettstange, welche die Brüstung andeutet. Seitlich ein Tisch mit Farbtuben, Kaffeekanne, Pinseln etc. Lotte mischt Farben auf der Palette an. Ernst kommt nervös und abgehetzt herein.

LOTTE. Ich habe schon befürchtet, du kommst nicht mehr.

ERNST. Tut mir leid, es geht gerade einfach drunter und drüber.

LOTTE. Das weiß ich, Ernst.

ERNST. Ich meine, auch im Theater.

LOTTE. Danke, dass du trotzdem gekommen bist.

ERNST. Ich habe mir zwei Stunden freigeschaufelt. Genügt dir das?

LOTTE. Wunderbar.

ERNST. Dann also los. Du musst mir auf die Sprünge helfen. Ich weiß nicht mehr genau, welche Pose ich einnehmen soll.

LOTTE. Dort auf dem Tisch liegt die Fotografie.

(Ernst geht zum Tisch, sieht sich das Foto an.)

ERNST. Anderthalb Monate her. Da waren wir noch doof und unschuldig, was?

LOTTE. Atme erst mal durch, so kannst du nicht stillsitzen. Kaffee?

ERNST. Gern. *(Er nimmt sich einen Kaffee.)*

LOTTE. Du hast an die Kleidung gedacht.

ERNST. Traute hat mich in den letzten drei Tagen etwa alle fünf Minuten daran erinnert. Viele Grüße übrigens.

LOTTE. Danke, ich habe sie gestern kurz gesehen.

ERNST. Dann bist du wahrscheinlich über alles auf dem Laufenden.

LOTTE. Müsst ihr Leute entlassen?

ERNST. Bisher noch nicht, aber wenn es so weitergeht mit dem Kartenverkauf ... wir haben schon die Preise gesenkt, aber seit dem Bankencrash halten die Leute ihr Geld zusammen. Wenn sie überhaupt welches haben.

LOTTE. Verständlich.

ERNST. Im Gegenteil. Sonst war die Hütte immer voll, wenn Krise war. Komödie funktioniert antizyklisch. Wenn es den Leuten schlecht geht, wollen sie abschalten. Aber diesmal? Wenn es weiter so schlecht läuft, können wir auch gleich politisches Theater machen.

LOTTE. Würdest du denn?

ERNST. Das war ein Scherz.

LOTTE. Ich weiß, aber würdest du?

ERNST. Das soll Piscator machen. Wir sind ein Volkstheater. Da kann man nicht einfach das Ruder herumreißen.

LOTTE. Bedauerlich. Das wäre sicher etwas für dich.

ERNST. Dank für die Blumen. Fangen wir an. *(Er zieht sich einen Hocker heran.)*

LOTTE. Das war nicht abschätzig gemeint.

ERNST. Der eine betreut Possen, der andere malt gesellige Freundeskreise. Jeder was er kann und will.

LOTTE. Ich bin nicht die Kollwitz. Will ich auch nicht sein.

ERNST. Und ich nicht Piscator. Der ohne seine Mäzene übrigens aufgeschmissen wäre. Wir können es nicht, weil wir zwanzig Angestellte haben und die bezahlen wir auch mit dem Geld, das die SA-Leute an der Abendkasse lassen. Ich bin leider erpressbar.

LOTTE. Trotzdem danke, dass du dich für etwas zur Verfügung stellst, das für dich höchstens besserer Kaminschmuck ist.

(Kurze Stille.)

ERNST. Ich wollte nicht flegelhaft wirken. Traute hat mir schon letztes Mal den Kopf gewaschen.

LOTTE. Ich habe sie nicht darum gebeten.

ERNST. Ich weiß. Ich respektiere deine Arbeit.

LOTTE. Ich kann Kritik vertragen.

ERNST. Dann wärst du kein Künstler. Und ich sitze im Glashaus, das ist mir bewusst. Alles geht zum Teufel und bei mir auf der Bühne wird der Liebhaber im Schrank entdeckt. Und der Saal johlt und jeden Abend werden es mehr Braunhemden. Furchtbare Montur. Aber sie gockeln damit in der Pause herum, als käme sie vom besten Herrenschneider am Hausvogteiplatz. Dann betrachtet man die anderen, noch in Zivil, und fragt sich, ob die auch so denken. Ich traue unserem Publikum nicht mehr. Da klatschen sie sich vor Vergnügen auf die Schenkel und den Sohn unserer Garderobiere haben sie letzten Freitag zusammengekloppt, weil er für die Rote Hilfe gesammelt hat. Mitten auf der Frankfurter. Fangen wir an, ich will dich nicht mit meinen Sorgen behelligen. Weiß man denn schon, was für einen Geschmack die nationale Revolution in der Malerei hat?

LOTTE. Bei Gurlitt verkehren sie jedenfalls nicht. Außerdem schert mich nicht, wer meine Bilder schätzt.

ERNST. Du hast mich falsch verstanden.

LOTTE. Fangen wir an.

ERNST. Ich versuche den Schnabel zu halten. Ich bin nur Form und Farbe, wie dieses Mädchen gesagt hat. Woher kommt sie?

LOTTE. Aus einem Schtetl im Norden Polens, ihre Mutter lebt im Scheunenviertel, Maria muss für beide verdienen.

ERNST. Das wird nicht leichter seit dem Schwarzen Freitag. Keiner weiß, was kommt.

LOTTE. Wir haben die Inflation überstanden, schlimmer kann es nicht werden.

ERNST. Schlimmer kann es nicht werden, heißt es bei uns immer kurz vor der Pause, danach wird es schlimmer. *(Er setzt sich in Positur.)* Etwa so?

LOTTE. Das Bein weiter ausgestreckt.

ERNST. Was soll der Pelz?

LOTTE. Es wird ein Schäferhund unter dem Tisch liegen.

ERNST. Eine Bestie. Ein Menetekel.

LOTTE. Nein, ein schlafender Hund. Sonst ist die weiße Tischdecke zu präsent.

ERNST. Ein Bild des Friedens. Ja, vielleicht ist es das. Ein Bild des Friedens, das wir alle irgendwann gerührt betrachten.

LOTTE. Wir können die Sitzung verschieben, wenn du keinen Kopf dafür hast.

ERNST. Verzeihung, ich lasse mich gehen. Ich sehe schwarz, Traute hat recht. *(Er nimmt seine Positur wieder ein.)* Es fällt mir nur schwer, den Eindruck zu erwecken, entspannt eine schöne Aussicht zu genießen.

LOTTE. Ich kann dir nicht vorschreiben, worüber du nach

denken sollst. *(Sie nimmt die Palette auf, wählt einen Pinsel, auf dem Bildträger füllt sich die Stelle mit Ernsts Profilansicht mit hellen Brauntönen, während die Figur nur im Umriss erscheint.)*

Dritte Szene

Dezember 1929

Musik setzt ein: Nick Lucas' Tiptoe throu the tulips *(eventuell wird der Ausschnitt aus* Golddiggers of Broadway *von 1929 auf den Bildträger projiziert). Auf der Bühne ist nun quer durch das Atelier eine Wäscheleine gespannt, an der mit Wäscheklammern Geldscheine aufgehängt sind. Auf dem Arbeitstisch stehen eine Flasche Sekt und Gläser, Spuren einer kleinen Feier. Lise kommt mit einem Koffergrammophon und einer Schellackplatte herein, sie legt die Platte auf, Lichtwechsel, sie tanzt zu* Tiptoe, *nimmt zwischendurch einen Schluck aus der Sektflasche. Lotte kommt herein und legt ihren Mantel ab.*

LOTTE. Kannst du das bitte ausmachen? Ich habe Kopfschmerzen.
(Lise schaltet das Grammophon aus.)

LOTTE. Na? Hat dich deine Mutter wieder verjagt?

LISE. Habe ich ganz neu, das ist ein richtiger Ohrwurm.

LOTTE. Ich habe es nicht so gern, wenn du hochkommst, wenn ich nicht da bin.

LISE. Entschuldigung. Ich wollte nur das Geschirr abwaschen und fegen. Mutter hat wieder Wasser in den Beinen.

LOTTE. Hilf mir mal schnell. *(Sie beginnt die Geldscheine von der Leine zu nehmen.)*

LISE. War das nass geworden?

LOTTE. Ich habe gestern ein Bild verkauft und wollte mir das anschaulich machen. Man muss die Penunzen schen, damit man weiß, dass es ein Beruf und kein Spleen ist.

LISE. Wer hat denn da gestern so schön gesungen?

LOTTE. Traute.

LISE. Und Sie haben die Quetschkommode gespielt?

LOTTE *(lacht)*. Waren wir zu laut?

LISE. Nein, klang schön. Traute ist so richtig Ihre beste Freundin, oder?

LOTTE. Warum siezt du mich? Willst du eine alte Frau aus mir machen? *(Sie legt das Geldbündel in eine leere Kaffeedose auf dem Arbeitstisch.)*

LISE. Ich kann mich nicht daran gewöhnen, das habe ich einfach intus.

LOTTE. Schon gut.

LISE. Welches Bild haben Sie denn verkauft?

LOTTE. Die sechzig mal vierziger Garnisonkirche Potsdam. Man schätzt die Landschaften, wenn die Zeiten stürmisch sind.

LISE. An einen Deutschen?

LOTTE. Was spielt das für eine Rolle?

LISE. Nur so.

LOTTE. Ich will es aber wissen. Was soll diese Frage?

LISE. Es haben doch so viele jetzt ihr Geld verloren und wer jetzt noch welches hat, muss Amerikaner oder Jude sein, also jemand, der Informationen hatte oder ganz oben mitgemacht hat, oder?

LOTTE. Lise, was redest du denn da?

LISE. Ich glaube das ja auch nicht, aber auf der Arbeit sagen das viele.

LOTTE. Das ist Unsinn.

LISE. Das habe ich denen auch gesagt. Und Sie sind ja auch

Jüdin und … ich freue mich so, dass Sie ein Bild verkauft haben, wirklich.

LOTTE. Ich muss jetzt die Farben anmischen. Maria kommt gleich. Ist die Tür unten offen?

LISE. Ja. Darf ich Ihnen helfen?

LOTTE. Das musst du nicht. *(Sie beginnt Farben vorzubereiten, Lise nimmt ihr Grammophon und die Platte.)*

LISE. Es tut mir leid, ich wollte nichts Dummes sagen.

LOTTE. Schon gut.

(Maria kommt.)

MARIA. Soll ich noch warten?

LOTTE. Komm ruhig rein, wir können gleich anfangen. Lässt du uns allein, Lise?

(Maria legt ihren Mantel ab, Lise beobachtet sie fasziniert.)

MARIA. Was ist, Mädchen?

LISE. Ich habe versucht, mir die Augen so wie du zu schminken, aber irgendwas habe ich falsch gemacht.

MARIA. Soll ich dir zeigen?

LOTTE. Lise, wir wollen anfangen.

LISE. Natürlich. *(Sie geht.)*

MARIA. Wie lange soll ich bleiben?

LOTTE. Zwei Stunden? Und nächsten Sonntag weiter?

MARIA. Gut.

LOTTE. Wir hatten fünf Mark die Stunde ausgemacht, oder? Ich gebe es dir besser gleich.

(Lotte geht zur Kaffeedose und sucht einen Zehnmarkschein, Maria beobachtet sie, Lotte gibt ihr das Geld.)

MARIA. Haben Sie das Kleid, das ich tragen soll?

(Lotte gibt ihr das dunkelgrüne Kleid.)

LOTTE. Du kannst dich in der Kammer umziehen.

(Maria lacht und beginnt sich auszuziehen.)

LOTTE. Du hast schöne Haut.

MARIA. Wir können auch ein Aktbild machen, wenn das fertig ist.

LOTTE. Ich muss erst das hier beenden.

MARIA. Oder Zeichnungen, ich wüsste auch, wer das kaufen kann, wir könnten das Geld teilen. Mit einer Frau ist das einfacher für mich.

LOTTE. Ziehst du bitte das Kleid an?

(Maria zieht das Kleid an.)

Soll ich dir schon das Geld für die nächste Sitzung geben? Ich habe ein Bild verkauft.

(Lotte nimmt einen zweiten Zehnmarkschein aus der Dose und gibt ihn Maria.)

MARIA. Ich danke Ihnen. *(Sie kontrolliert kurz ihr Make-up und den Sitz des Kleides.)*

Haben Sie etwas gemerkt an meiner Sprache?

LOTTE. Was?

MARIA. Der Akzent.

(Lotte ist irritiert, weil sich an Marias polnischem Akzent seit dem letzten Mal nichts geändert hat.)

MARIA. Es klingt nicht mehr polnisch oder nur noch ein bisschen. Ich habe geübt, mit einem Schauspieler, die sind auch billig geworden. Ich habe ihn für drei Mark die Stunde gemietet. Er hat Übungen mit mir gemacht … weit wanderte Waltraud im winterlichen Walde … er hat ganz scharf aufgepasst. Drei Mal habe ich ihn gemietet, es ist lustig, einen Mann zu mieten. Aber es hat geholfen, das hat sogar meine Mutter gesagt: du klingst wie eine Schickse. *(Sie sieht sie erwartungsvoll an.)*

LOTTE. Ja, das ist verblüffend.

MARIA. Keiner stellt mehr Polen an, Juden schon gar nicht. Und die reichen Amerikaner und Engländer, denen das egal ist, wollen nur Jungs. Ich werde auch meinen Namen ändern, ganz offiziell, auch im Pass. Müller, so wie der Kanzler. Maria Müller. Dann bin ich unsichtbar.

LOTTE. Wenn das hilft.

MARIA. Natürlich hilft das. Maria Müller aus Breslau.

LOTTE. Der wahre Berliner kommt aus Breslau.

(Sie lachen.)

LOTTE. Ich finde Goldmann schöner.

MARIA. Ich habe mich beworben, um bei einem Fest zu kellnern, riesige Villa, wie ein Schloss, die Mädchen standen Schlange bis auf die Straße, ich war die Erste in der Reihe und als ich meinen Namen sagte, wollte mich die gnädige Frau nicht, sie wollte nur deutsche Bedienungen. Frau Doktor Ashkenasy will nur Deutsche. Kurwa. Aber Sie sind doch auch Jüdin, habe ich gesagt, so wie ich. Da ging es los, wir haben nichts mit euch zu tun, schafft das Polackenmädel hier raus, Unverschämtheit ... Weißt du, was ich gemacht habe? Ich habe Judensau geschrien und ausgespuckt. Alle Mädchen haben gekichert, der Diener hat mich am Arm gepackt und rausgeworfen und ich habe nochmal gebrüllt Judensau! Alle raus hier, hat die Dicke gebrüllt, war mir egal. Das hat gutgetan, einfach mal Judensau zu brüllen.

(Stille.)

LOTTE. Wie geht es deiner Mutter?

MARIA. Sitzt in ihrem Loch in der Schendelgasse und betet, sonst hat sie ja nichts gelernt. Jammern und Beten. Beten und Jammern, dass ich mich versündige und ein gefallenes Mädchen bin, das kein anständiger Mann haben will, weil ich in einer Kneipe arbeite. Mein Geld nimmt sie trotzdem.

LOTTE. Du hast eine feste Stelle?

MARIA. Einer jiddischen Mamme sollte man entweder die Wahrheit sagen, die sie hören will, oder eine, die sie grade noch ertragen kann.

LOTTE. Was machst du außer Modell stehen?

MARIA. Hunde ausführen.

LOTTE. Reicht das denn zum Leben?

MARIA. Das hat mich dieser Mann auch gefragt.

LOTTE. Welcher?

MARIA. Der neben mir auf dem Bild stehen soll. Er hat mich auf dem Anhalter Bahnhof noch eingeladen. Was der alles wissen wollte.

LOTTE. Ich hoffe, er ist nicht aufdringlich geworden.

MARIA. Ich gehe zu einem alten General im Grunewald, habe ich gesagt, ich ziehe mir schwarze Stiefel an, sonst nichts, und setze mich auf einen Stuhl und er kommt auf allen vieren und muss die Stiefel sauber lecken, mit der Zunge, kein Fleckchen darf mehr zu sehen sein. Er fasst mich nie an, er darf mir nicht mal in die Augen sehen und ich sage ihm, dass er ein ganz Braver ist. Dann bekomme ich mein Geld.

LOTTE. Das hast du Bodo erzählt?

MARIA. Dann war er ganz still und ist bald gegangen. *(Lachen.)*

LOTTE. Machst du so was wirklich?

MARIA. Fangen wir an, Frau Laserstein. Sie bezahlen mich nicht für dumme Geschichten.

(Maria stellt sich in Position an den Tisch. Lotte holt zur Kontrolle das Foto.)

MARIA. Gut so?

LOTTE. Vollkommen.

(Auf dem Bildträger erscheint die Silhouette der rechten Figur, Maria ab.)

Vierte Szene

Januar 1930

Lotte alleine im Atelier, sie hat einen Brief entworfen. Während sie ihn laut vorträgt, kommt Traute herein und hört zu.

LOTTE. Sehr geehrter Herr Gurlitt, es ist sehr bedauerlich, dass Sie nicht die Zeit erübrigen konnten, zu meinem kleinen Neujahrempfang ins Atelier zu kommen. Ich hatte einige treue Sammler zu Gast, ebenso Galeristen, die sich für meine neuen Werke interessieren. Das sind im Moment vor allem Arbeiten auf Papier und kleine Stadtansichten, da eine große Arbeit mich völlig in Beschlag nimmt. Es handelt sich um ein Hundert-auf-Zweihundert-Format, Öl auf Holz, welches eine Gruppe von Freunden auf einer abendlichen Terrasse in Potsdam zeigt. Seit September arbeite ich daran und langsam nimmt das Bildgeschehen Form an. Ich bin eine langsame Arbeiterin, das habe ich sicher gesprächsweise einmal erwähnt. Gedacht war es als ein Bild der Zeit, gespiegelt in einer Figurengruppe, welche sich motivisch aus der Beschäftigung mit Vermeer und klassischen Abendmahlsdarstellungen speist. Nun aber frage ich mich zuweilen, was diese Zeit denn ist, die ich da einfangen will, ob sie über mich, über uns alle hinwegrast, sich von mir entfernt oder sich drohend hinter mir aufbaut, wie ein böser Dschinn. Keiner kann die heutige Zeit beschreiben, warum sollte es mir als bildender Künstlerin gelingen. Nun male ich nur noch, was ich in den Gesichtern lese, aber ob vom fertigen Gemälde Dorian Gray oder selige Erinnerung zurückblickt, müssen Sie entscheiden. Ihr Urteil wäre mir wichtig. Ich kann Ihnen gern Zustandsbilder zusenden, um Ihrer Entschlusskraft aufzuhelfen, und wäre froh, wenn Sie mir mitteilen würden, falls eine Präsentation meiner Arbeiten in Ihrer schönen Galerie für Sie völlig ausgeschlossen ist. Ich hoffe auf eine baldige Begegnung und verbleibe mit den besten Grüßen Ihre Lotte Laserstein. *(Sie dreht sich zu Traute um.)*

TRAUTE. Zu unterwürfig. Genauer gesagt, es ist unterwürfig und gleichzeitig fordernd.

LOTTE. Ich schreibe ihm besser nicht.

TRAUTE. Aber nein, es stecken interessante Gedanken darin.

LOTTE. Das könnte ihn abschrecken, der Mann kann es sich leisten, wählerisch zu sein.

TRAUTE. Du bist nicht auf ihn angewiesen.

LOTTE. Eine Arbeit dieser Größe darf man nicht an kleine Galerien verschleudern. Übrigens waren keine anderen Galeristen da. Aber viele Fremde. Ich hatte einige Einladungen verschickt und einen Zettel an die Haustür gehängt, dass mein Atelier im obersten Stockwerk ist. Und den ganzen Tag waren Menschen da, die ich noch nie gesehen habe. Manche haben sich schweigend die Bilder angesehen, andere haben interessiert nachgefragt, meinen Kaffee getrunken und lange auf die Bilder gestarrt, bis mir klar wurde, dass das Menschen sind, die sich nur aufwärmen wollten, sie hatten unten den Zettel gesehen. Keine Bettler: Beamtentypen, junge Burschen und ältere Ehepaare, die wahrscheinlich durch die Stadt laufen, weil sie sich keine Kohlen mehr leisten können oder aus der Wohnung geworfen wurden.

TRAUTE. Was hast du mit ihnen gemacht?

LOTTE. Was sollte ich machen? Sie waren still, höflich, müde, einer ist drüben im Schüleratelier einfach auf der Chaiselongue eingeschlafen ... sie waren diskret, haben zugehört, wenn ich mit einem Sammler gesprochen habe ... als wäre der Raum voller Geister, nach einiger Zeit gingen sie wieder, neue kamen ... es war unheimlich.

TRAUTE. Ich treffe kaum noch Leute, keiner verabredet sich mehr. Ich dachte schon, dass es mit mir zu tun hat, aber die Leute haben kein Geld mehr fürs Restaurant, deshalb sagen sie lieber ab. Kürzlich sehe ich einen alten Freund bei Aschinger sitzen, ich habe ihm durch die Scheibe zugewunken, aber er tat so, als ob er mich nicht erkennt.

LOTTE. Wir sind früher auch zu Aschinger, ohne Aschingers Freischrippen wäre die Hälfte der Berliner Maler in den letzten Jahren verhungert.

TRAUTE. Aber der hat mal im Alsenviertel gewohnt. Und hast du schon gehört, dass die Vossische alle freien Journalisten rausgeworfen hat?

LOTTE. Ich habe mich schon gewundert, dass Bodo nicht mehr schreibt.

TRAUTE. Ernst vermutet, dass er jetzt für den Völkischen Beobachter arbeitet. Da unterzeichnet einer mit ›Bodim‹. Traust du ihm das zu?

LOTTE. Genug davon, das interessiert mich alles nicht.

TRAUTE. Was ist denn?

LOTTE. Nichts. Mich lenkt das alles ab.

TRAUTE. Gut. Das kann ich verstehen.

LOTTE. Nein, das kannst du nicht! Wie willst du das denn verstehen? Du weißt doch gar nicht, was es bedeutet, so etwas nicht zu Ende bringen zu können, was für ein Mühlstein das ist.

TRAUTE. Aber das wird großartig, wirklich.

LOTTE. Du musst mir jetzt nicht schmeicheln.

(Stille.)

Entschuldige, ich bin etwas gereizt, das hat nichts mit dir zu tun.

TRAUTE. Vielleicht brauchst du deine Ruhe.

LOTTE. Ich will einfach keine schlechten Nachrichten mehr.

TRAUTE. Soll ich dir den Nacken massieren? *(Sie beginnt, Lotte den Nacken zu massieren.)* Willst du gute Nachrichten hören?

LOTTE. Ja.

TRAUTE. Ich werde eine Ausbildung zur Fotografin machen. Dann stehst du mir Modell, ja?

LOTTE. Für so etwas tauge ich nicht.

TRAUTE. Das ist alles, was du dazu zu sagen hast?

LOTTE. Was willst du denn hören? Du willst Fotos machen, schön, aber was soll ich denn dazu sagen? Ich bin Malerin. Für mich sind Fotos nur Erinnerungsstützen.

TRAUTE *(steht auf)*. Ich komme wieder, wenn du bessere Laune hast.

LOTTE. Was habe ich denn gesagt? Willst du dafür gelobt werden wie ein kleines Kind?

TRAUTE. Nein. Ich wollte nur etwas Eigenes beginnen.

LOTTE. Aber du arbeitest doch hier mit mir, ohne dich kann ich nicht arbeiten. Du musst wegen mir doch nicht …

TRAUTE. Ich mache es für mich.

LOTTE. Aber dann hat es nichts mit mir zu tun.

TRAUTE. Ist schon gut.

LOTTE. Wenn dieses Monstrum fertig ist, habe ich den Kopf wieder frei und dann will ich ein Bild von uns beiden machen. Ich habe auch schon eine Bildidee. Willst du sie hören?

TRAUTE. Ja.

(Lotte rollt einen Standspiegel heran, schiebt eine kleine Staffelei heran, zieht einen weißen Malerkittel an, nimmt einen Pinsel in die Hand.)

Und ich?

LOTTE. Stell dich hinter mich. Näher. Kannst du deinen Pullover ausziehen?

(Traute zieht ihren Pullover aus.)

Nicht in den Spiegel sehen, sieh mir über die Schulter auf das Bild. Leg die Hand auf meine Schulter. Ist das gut?

TRAUTE. Für mich ja, für dich?

LOTTE. Ja. Sehr. Einen Moment so halten, dann kann ich es mir einprägen. Kannst du dir das auch merken?

TRAUTE. Ja.

(Freeze, eventuell eine Projektion des Gemäldes auf dem Bildträger. Lise kommt herein.)

LISE. Störe ich?

LOTTE. Herrgott nochmal, Lise, du kannst hier nicht einfach reinstürmen, wie oft soll ich dir das noch sagen!

LISE. Entschuldigung.

LOTTE. Verzieh dich bitte.

LISE. Sie dürfen nicht so mit mir reden, Frau Laserstein, ich bin ein erwachsener Mensch.

LOTTE. Wer hat dir das denn eingeredet. Und jetzt raus, komm in einer halben Stunde wieder.

(Lise geht tief beleidigt.)

TRAUTE. Sei nicht so streng mit ihr.

LOTTE. Als sie noch von ihren nächtlichen Eskapaden erzählt hat, war es noch ganz lustig, aber neuerdings wirft sie sich auf die Politik, hetzt gegen den Youngplan und dass wir unsren Enkeln noch die Kriegsschuld vererben werden, das ganze Gedröhne. Neulich kommt sie in Tränen aufgelöst, weil die Kommunisten irgendeinen SA-Mann aufgemischt haben. Kennst du den Kerl, habe ich sie gefragt, tut sie natürlich nicht, reines Sentiment und Pathos. Als sie noch erzählt hat, wie sie irgendwelchen grünen Jungs nachts am Wannsee einen geblasen hat, war sie amüsanter. Warum beschäftigt sich so eine Göre auf einmal mit Politik?

TRAUTE. Weil das alle tun. *(Sie beginnt sich umzuziehen.)*

LOTTE. Ich nicht. Vielleicht, wenn das Bild fertig ist, vorher nicht. Und wenn es fertig ist, ist auch der Spuk vorbei. Die Reparationen sind geregelt, Demonstrationen sind verboten und in Thüringen werden sich die Nazis in der Regierung so blamieren, dass sie entzaubert sind, und dann hat es ein Ende mit dieser Schreckensstille, dann schimpfen sie wieder, und wenn geschimpft wird, ist Berlin wieder, was es immer war, die Hauptstadt der Meckerköppe.

(Traute geht in Positur.)

LOTTE. Wir werden dieses Bild von uns beiden malen, ja?

Fünfte Szene

März 1930

Ein Radio steht auf dem Ateliertisch, Lotte dreht am Senderknopf, Nachrichtenstimmen, ein Vortrag, sie dreht weiter, bis Musik kommt, eine Operette, Lotte hört ein Weilchen zu, dann beginnt sie mit den Vorbereitungen zur Sitzung und zieht sich ihren weißen Kittel an. Bodo kommt herein, umarmt Lotte und überreicht ihr einen kleinen Blumenstrauß.

LOTTE. Wie komme ich zu der Ehre?

BODO. Ich war so froh, endlich von dir zu hören. Ich hatte schon befürchtet, du hättest mich gestrichen. Aber das sagt man in deinem Metier wahrscheinlich nicht. Sagt man ausgewischt?

LOTTE. Dazu muss es erst einmal etwas zum Auswischen geben.

BODO. Ich werde alles tun, um das zu verhindern. Du bist meine letzte Chance, unsterblich zu werden.

LOTTE. Wolltest du das nicht als Schriftsteller werden?

BODO. Hast du das je ernst genommen? Knabenträume, nichts weiter, der Bedarf an Dichterfürsten scheint gedeckt. Der an Journalisten übrigens auch. Die Vossische hat alle Freien entlassen.

LOTTE. Ich weiß.

BODO. Ach ja?

LOTTE. Traute hat es mir erzählt.

BODO. Ich hatte gehofft, du hättest meine geistreichen Kolumnen bei der morgendlichen Zeitungslektüre schmerzlich vermisst.

LOTTE. Ich lese keine Zeitungen mehr.

BODO. Natürlich, wer ein Radio hat, braucht keine Zeitungen. Aber ich will dich nicht dafür verantwortlich machen, dass ich den Winter von gedünstetem Stiefelleder gelebt habe. Natürlich nur bildlich gesprochen.

LOTTE. Ich male gerne bei Musik, deshalb habe ich es mir angeschafft.

BODO. Verständlich, wer will diese Nachrichten hören. Darf ich sehen, womit du eine so immense Ausgabe finanzieren kannst?

(Bodo sieht sich das Bild lange an. Lotte schaltet das Radio aus.)

BODO. Es wird ein Meisterwerk, Lotte.

LOTTE. Darin stecken jetzt schon fast sechs Monate Arbeit.

BODO. Gut Ding will Weile haben.

LOTTE. Ich habe diese Künstlerallüren von der schweren Geburt des Werkes immer verachtet, aber dieses … Ding … egal, ich male zum Ausgleich Potsdamer Ansichten.

BODO. Kann ich sie sehen?

LOTTE. Alle schon beim Galeristen.

BODO. Ja, die Kunst geht nach Brot, darauf kann man sich zumindest verlassen.

LOTTE. Ich male sie, weil es mich entspannt und weil ich dann einen Tag aus der Stadt komme.

BODO. Das war nicht böse gemeint. Wer bin ich, das zu verurteilen: ein Köter, der nach jedem Brosamen schnappt, der vom Tisch fällt. Eine Mietfeder, und es ist kein sonderlicher Trost, dass man mit solchen wie mir in Berlin gerade Straßen pflastern kann.

LOTTE. Und wer mietet dich? Sei ehrlich.

BODO. Irre ich mich oder bekommt das Gespräch gerade einen leicht inquisitorischen Charakter?

LOTTE. Schreibst du für dieses Naziblatt?

BODO. Ich weiß nicht, was du meinst.

LOTTE. Ernst meint, er hätte deine Initialen unter einem Artikel im Völkischen Beobachter gelesen.

BODO. Dann hast du ihn doch hoffentlich gefragt, warum er so eine Zeitung liest.

LOTTE. Ernst liest alles, was er in die Finger bekommt. *(Stille.)*

BODO. Ja, ich schreibe manchmal für diese Leute, sie bezahlen gut, ich muss leben. Ernst als Festangestellter kann sich moralische Grundsätze leisten – übrigens in einem zutiefst reaktionären Theater – ich kann mit meinen Idealen leider nicht die Wohnung heizen.

LOTTE. Diese Leute sind gefährlich.

BODO. Sie werden dämonisiert. Sie kämpfen für Leute, die nicht so viel Glück und Talent haben wie du beispielsweise, die Menschen haben Angst, machen sich Sorgen, über ihre Existenz, über Deutschland, das muss man respektieren.

LOTTE. So wie sie die Juden respektieren?

BODO. Leg das nicht auf die Goldwaage, dieser Antisemitismus ist im Kern ein Antikapitalismus, das ist die eigentliche Stoßrichtung und gegen die Auswüchse des Börsenkapitalismus zu sein ist nachvollziehbar, oder? Außerdem wirst auch du nicht bestreiten können, dass ein Großteil des Finanzkapitals in jüdischen Händen liegt. Das wird man wohl noch sagen dürfen, oder?

LOTTE. Da wird der alte Sauerteig breitgetreten.

BODO. Das ist eine junge Bewegung.

LOTTE. Junge Arbeitslose, die man fürs Brüllen und Zuschlagen bezahlt.

BODO. Studenten, vierzig Prozent an den Universitäten. Soll man der Jugend verwehren, eine bessere Zukunft zu denken? Die Demokratie hat versagt, Brüning regiert mit Notverordnungen, wer nimmt die Quasselbude denn noch ernst? Die Jungen schon lange nicht mehr, die wollen politische Führer, die ihnen sagen, wo es langgeht, die wollen Gemeinschaft, die wollen, dass ihnen jemand zuhört, die wollen sich in ihrer Regierung wiederfinden, in der Gesellschaft, in der sie leben, und übrigens auch in der Kunst. Mit uns kommt eine neue Kunst. Die ganzen Experimente, Expressionismus, Dada, Kubismus ... das war Kunst für rebellierende höhere Töchter oder versnobte Knaben, die sich interessant machen wollten. Die Neue Sachlichkeit war Schonungslosigkeit für eine Bourgeoisie, die sich den ganzen Tag schonen konnte und in der Kunst den abendlichen Kitzel der Lustmörder, Huren und Krüppel suchte – falls sie das nicht bei Herrn Brecht am Schiffbauerdamm auf der Bühne besichtigen. Eine kleine Blase bürgerlicher Revolutionäre, der Rest die Nachäfferei kleiner Büromädchen, die Mode mit Moderne verwechseln.

LOTTE. Du verschwendest deine Zeit, meine übrigens auch.

BODO. Du solltest nicht so schlecht von Leuten denken, die genau deine Kunst zu schätzen wissen. Deine Meisterschaft. Übrigens hat dich diese ganze sogenannte Avantgarde auch nie interessiert, du hast bei diesem Rattenrennen nie mitgemacht, du hast Haltung bewahrt und getan, was du tun musstest, und das ist das Deutsche an dir.

LOTTE. Ich bin aber Jüdin.

BODO. Ja, das ist nun mal eine Tatsache. Aber das spielt für mich keine Rolle.

LOTTE. Wie generös und mutig von dir.

BODO. Ich meine es ernst.

LOTTE. Es wird viel Engagement von einer Mietfeder verlangt heutzutage. Und irgendwann fängt man an zu glauben, was man schreibt, oder?

BODO. Die Zeiten ändern sich, schon bald wird alles anders und wenn ich das nicht wüsste, wäre ich schon längst zugrunde gegangen.

LOTTE. Ist das eine Entschuldigung?

BODO. Nein, eine Erklärung in jedem Sinne des Wortes.

LOTTE. Setz dich bitte, wir müssen anfangen, bevor sich das Licht ändert.

(Bodo setzt sich hinter den Tisch, Lotte wirft einen Blick auf das Foto.)

Den Arm auf das Geländer. Und in diesem speziellen Fall würde ich dich bitten, deine Haltung nicht zu ändern.

Sechste Szene

Ostersonntag, 20. April 1930

Ostern, Lotte und Traute räumen den Arbeitstisch frei, packen Käse, Wurst und Brötchen aus, waschen Geschirr … Frühstücksvorbereitungen. Ernst sitzt in der Ecke und liest in der Weltbühne, vielleicht läuft das Radio.

ERNST. Ich kann euch wirklich nicht helfen?

TRAUTE. Bleib uns aus den Füßen, so geht es schneller.

LOTTE. Sei nicht so altmodisch. Wenn er doch will?

TRAUTE. Er kann es einfach nicht, du kannst einem alten Hund keine neuen Kunststücke beibringen.

ERNST. Wusstet ihr eigentlich, dass Hunde ein sehr feines Gehör haben?

TRAUTE. Wir sind gleich fertig.

ERNST. Es war sowieso eine rhetorische Frage, ich wollte mich nur beliebt machen.

LOTTE. Lass gut sein, Ernst, du bist beliebt.

(Ernst vertieft sich wieder in seine Lektüre. Lotte überlegt.)

LOTTE. Wir nehmen den Motivtisch. Seit Monaten sitzt ihr vor einem Gastmahl, jetzt muss man das mal nutzen.

TRAUTE. Und das Arrangement?

LOTTE. Wollte ich sowieso überdenken.

TRAUTE. Sicher?

(Traute und Lotte beginnen den Motivtisch zu decken.)

ERNST. Die Weltbühne schreibt über die Neue Sachlichkeit. Soll ich euch vorlesen?

LOTTE. Nein danke.

ERNST. Hier: »Die Sättigung durch die Wirklichkeit kann auch auf einer sehr begrenzten Berührungsfläche erfolgen – in einem Stillleben etwa oder in einer kleinen Landschaft, in einem Portrait oder wenigen Figuren.«

TRAUTE. Niemand hört dir zu, Ernst.

ERNST. Gleich fertig: »Es kommt auf die Bauspannung und die Atmosphäre an, auf jene innere Weite und Beweglichkeit, die selbst bei letzter Beschränkung im Gegenstand und Format zugleich greifbare Wirklichkeit und visionäre Steigerung dieser selben Wirklichkeit ist.« Was sagt man dazu?

LOTTE. »Leider lässt der detailbegrenzte Realismus unserer sogenannten jungen Kunst solche Steigerung vermissen.« So geht es doch weiter, oder?

(Kurze Stille.)

ERNST. Ich wusste nicht, dass du die Weltbühne liest.

LOTTE. Man muss seine Feinde besser kennen als seine Freunde.

TRAUTE. Mein lieber Mann, könntest du versuchen, heute Morgen alle Reizthemen zu vermeiden?

ERNST. Kunst ist ein Reizthema? In einem Maleratelier?

LOTTE. Nein, natürlich nicht.

ERNST. Könnte ich eine Liste bekommen, welche Themen bei einem Osterfrühstück unpassend sind?

TRAUTE. Deine sämtlichen Lieblingsthemen. Sprich über alles, was du uninteressant findest, dann kannst du nichts falsch machen.

ERNST. Habe ich zumindest das Menschenrecht auf Notwehr? Wenn zum Beispiel dieser Wendehals von der völkischen Presse mit seiner jüdisch-bolschewistischen Verschwörung des Kapitals anfängt?

TRAUTE. Lass ihn reden und sprich über das Wetter.

ERNST. Er unterschreibt inzwischen übrigens mit vollem Namen.

LOTTE. Ach Gottchen, soll er doch.

(Ernst will etwas erwidern, ein Blick von Traute lässt ihn stumm bleiben. Er steht auf und betrachtet die Bilder im Atelier.)

TRAUTE. Werden alle kommen?

LOTTE. Ich habe Maria eine Nachricht bei ihrer Hauswirtin hinterlassen. Die sagt, dass sie jetzt im Grunewald wohnt, aber das muss nicht stimmen. Sie ist weg, spurlos. Dabei hatten wir noch zwei Sitzungen vereinbart. Im Voraus bezahlte Sitzungen.

TRAUTE. Machst du dir Sorgen um sie?

LOTTE. Was denkst du denn? Natürlich.

TRAUTE. Ich wusste nicht, dass ihr euch so nahesteht.

LOTTE. Tun wir nicht und wenn, dann wüsstest du es.

(Ernst lüftet ein wenig das Leintuch über Abend über Potsdam *und wirft einen Blick auf das Bild.)*

ERNST. Wann malst du die Bildmitte?

LOTTE. Nächste Woche, falls Maria nicht auftaucht.

ERNST. Ich hätte immer angenommen, dass man vom Zentrum her arbeitet.

LOTTE. Ich wollte erst die äußeren Farbverläufe.

ERNST. Wir sind die dunkle Seite, Traute. Der Nazi ist bis jetzt die hellste Figur.

TRAUTE. Hör doch auf.

LOTTE. Es sind warme Erdfarben.

ERNST. Es war nur ein Scherz.

TRAUTE. Warum hast du Maria eigentlich nicht in die Mitte gesetzt?

LOTTE. Lise hatte ein offeneres Gesicht.

ERNST. Hatte?

LOTTE. Nicht so wichtig.

TRAUTE. Willst du nicht noch etwas lesen, Ernst? Oder an die frische Luft?

ERNST. Ich könnte mir noch schnell Zigaretten holen. *(Er geht.)*

TRAUTE. Er wollte nur nett sein.

LOTTE. Einen ganzen Morgen habe ich mich über diesen Artikel geärgert. Und dann noch den ganzen Nachmittag darüber, dass mich so etwas verärgert. Aber vielleicht stimmt es ja, für mich zumindest, ich schaffe die Steigerung nicht. Es ist ein Haufen stummer Menschen um ein leeres Zentrum. Pappkameraden, ohne ein Vorher und Nachher, reine Erstarrung ohne Erzählung, drei Schuss ein Groschen und dafür verschwende ich ein halbes Jahr meines Lebens.

TRAUTE. Warum lädst du uns zum Frühstück ein, wenn dich das Bild nur deprimiert? Vielleicht bräuchtest du etwas Abstand davon.

LOTTE. Ich habe Abstand, das ist mein Problem. Ich brauche Nähe. Ich muss hören, was da gesprochen wurde. Vor dieser Stille.

TRAUTE. Aber das wird nicht mehr das Gespräch vom Spätsommer sein.

LOTTE. Ihr seid auch nicht mehr diese Menschen im Spätsommer. Außer dir. Du bist dir treu geblieben, dich kenne ich noch. Den anderen will ich zuhören.

TRAUTE. Und wenn Maria nicht kommt?

LOTTE. Sie ist auf dem Bild sowieso mit ihren Gedanken woanders.

TRAUTE. Ernst wird sich mit Bodo streiten.

LOTTE. Warum nicht?

TRAUTE. Und die Kleine?

LOTTE. Ich weiß es nicht. Ich muss sie beobachten, muss sehen, wie sich die Muskeln in ihrem Gesicht bewegen, wie ihr Körper sich spannt, wie sie reagiert, auch wenn ich es nicht malen kann, ich brauche irgendeinen Ausdruck.

TRAUTE. Und wenn sie einfach nur ein dummes Gör ist?

LOTTE. Glaubst du, Vermeers Dienstmägde waren große Kirchenlichter?

TRAUTE. Ich weiß nicht, was du suchst.

LOTTE. Ich auch nicht. Und wenn ich es nicht finde, zerschneide ich das Bild. Ein Doppelportrait für euch zu Ostern, eine Frau in Grün für Gurlitt und Bodo kann sich aus seinem Kopf einen Lampenschirm schneidern. *(Bodo kommt.)*

BODO. Frohes Osterfest die Damen. Und vielen Dank für die Einladung. Ist es denn vollbracht?

LOTTE. Nein, die Mittelfigur und Details fehlen noch.

BODO. Dann haben wir noch eine Sitzung?

LOTTE. Wenn du es einrichten kannst?

BODO. Ich bitte darum.

LOTTE. Dein rechter Arm fehlt noch.

BODO. Ist mir noch gar nicht aufgefallen. Entschuldige, das war platt. *(Zu Traute)* Ist Ernst heute verhindert? *(Ernst kommt wieder herein.)*

ERNST. Ich muss Sie enttäuschen.

BODO. Waren wir nicht per Du?

ERNST. Das Du hätte nicht zu diesem dramatischen Auftritt gepasst.

BODO. Polonius hinter der Tapete?

ERNST. Dann wäre ich jetzt abgespielt.

TRAUTE. Möchte jemand einen Kaffee?

(Ernst bemerkt Bodos Parteiabzeichen.)

ERNST. Und stolz glänzt das Fettauge am Revers des edlen Recken. Gratulation zum Teufelspakt.

BODO. Ich dachte, du schätzt Menschen, die Gesicht zeigen und ihre Haltung vertreten.

ERNST. Soldatische Haltung. Und das Fähnchen flattert im Wind.

TRAUTE. Lasst es gut sein.

ERNST. Es ist gut, wir schärfen nur die Klingen.

TRAUTE. Bei Frauen würde man sagen, sie zicken sich an.

BODO. Wir verstehen uns, oder? Hast du meine Kritik gelesen?

ERNST. Eine Eloge. Vielen Dank, es hat sich sofort an der Kasse bemerkbar gemacht.

BODO. Ich helfe, wo ich kann.

ERNST. Cum grano salis. Es bedeutet, dass ein Großteil unseres Publikums den Völkischen Beobachter liest.

BODO. Es ist eine Zeitung wie jede andere auch.

ERNST. Einspruch.

BODO. Stattgegeben. Sie wird vom Volk gelesen. Im Gegensatz zur Systempresse.

ERNST. Sagen wir, sie wird von verängstigten Kleinbürgern gelesen, das ist genauer.

LOTTE. Zucker? Milch?

BODO. Keine Umstände, ich bediene mich.

ERNST. Ich bin schon bedient.

TRAUTE. Ernst, bitte.

BODO. Kommen die Fräuleins auch noch?

LOTTE. Lise kommt noch, Maria wahrscheinlich nicht. Ihr habt noch ein wenig geplaudert das letzte Mal?

BODO. Eine … interessante Person, Messalina in natura.

TRAUTE. Wollen wir schon anfangen?

ERNST. War diese Kritik eine Gefälligkeit oder mochtest du den Abend wirklich?

BODO. Die Rote Fahne hat verrissen, oder?

ERNST. Weil der Völkische gelobt hat.

BODO. Nicht sehr souverän.

ERNST. Aber immerhin gut geschrieben.

TRAUTE. Bitte, es ist Ostern, vor dem Frühstück.

(Lise kommt, sie hat sich offensichtlich herausgeputzt.)

LISE. Entschuldigung, ich bin zu spät, das tut mir leid.

LOTTE. Das macht nichts, Kindchen.

ERNST. Dann können wir jetzt beginnen.

(Man sieht Lotte an.)

LOTTE. Ich werde jetzt nicht feierlich, fangt einfach an, das ist nur ein Frühstück, als kleines Dankeschön fürs Modellstehen. Also keine Förmlichkeiten, bitte.

TRAUTE. Sollen wir uns auf Position platzieren?

LOTTE. Nicht nötig, setzt euch so, dass ihr alle an die Schrippen kommt.

BODO. Aber wir sollten vorher einen gemeinsamen feierlichen Blick auf das Bild werfen.

(Lotte zieht ein Leintuch von der Staffelei.)

LOTTE. Die Mitte fehlt.

ERNST. Ein Bild unserer Zeit.

(Sie sehen sich das Bild an.)

LISE. Ich habe richtig Bammel vor der ersten Sitzung.

LOTTE. Du kannst nichts falsch machen.

LISE. Oh doch. Vielleicht kann ich nicht so lange stillsitzen.

Oder ich werde rot, weil man mich so genau betrachtet, mich hat noch nie jemand so lange angesehen und wer weiß, was Sie dann so alles sehen und wie ich dann sehe, wie Sie mich sehen, und vielleicht haben Sie dann recht und nicht mein Spiegel, weil Sie genauer hingucken ... ich weiß auch nicht, das ist wie bei den Hottentotten, die Angst haben, dass man ihnen die Seele klaut, wenn man sie fotografiert.

(Lachen.)

TRAUTE. Na, wenn dir danach was fehlt, weißt du ja, wen du fragen kannst.

LISE. Oder vielleicht muss ich auch lächeln, wenn ich da so Stunden stillsitze und nachdenke.

BODO. Vielleicht sollst du ja lächeln.

LISE. Hoffentlich, ich könnte nämlich den ganzen Tag lächeln.

ERNST. Da gehörst du zu einer kleinen Minderheit im Reich.

LISE. Ach nein, das hat private Gründe.

(Ernst summt Lehárs Lächeln, immer nur lächeln.*)*

BODO. Nehmen wir uns einen Moment der Stille vor dem Werk. Lotte macht uns unsterblich.

LOTTE. Nun bleib mal auf dem Teppich. Zu Tisch.

ERNST. Unsterblich? Ich würde sagen, es kommt darauf an.

TRAUTE. Worauf denn?

ERNST. Wer weiß, was aus der bildenden Kunst wird, wenn ein gewisser Herr an die Macht kommt, der als Maler kläglich gescheitert ist.

BODO. Da der Führer eine Künstlernatur ist, hat er großes Verständnis für die bildende Kunst.

ERNST. Du sagst wirklich ›Führer‹?

LISE. Aber das sagen doch alle, oder?

ERNST. Ich fasse es nicht.

TRAUTE. Das ist jetzt egal, sehen wir uns das Bild an.

LOTTE. Nun lasst den Kokolores, das Bild ist noch nicht fertig, jetzt wird gegessen.

LISE. Danke, Frau Laserstein, ich hab solchen Kohldampf. Ich bin ja auch noch gar nicht auf dem Bild.

LOTTE *(lacht)*. Ganz genau.

(Alle gehen langsam zum Tisch und beginnen zu frühstücken.)

LISE. Ich kann auch nicht so lange, ich werde nachher noch abgeholt.

ERNST. Immer dran denken: Nur zugeben, was man dir nachweisen kann.

TRAUTE. Nun frag doch einer das Mädchen endlich, die platzt uns sonst.

LOTTE. Da muss man doch nicht fragen, das sieht man an der Nasenspitze.

ERNST *(singt)*. Ich bin von Kopf bis Fuß auf Liebe eingestellt, das ist meine Welt …

LISE. Haben Sie den gesehen? Ist der nicht spitze?

TRAUTE. Du wolltest doch was erzählen.

LISE. Nein, das passt, da war ich nämlich mit ihm drin, zwei Stunden standen wir an, da kannten wir uns gerade eine Woche und er wollte erst nicht, aber ich habe gesagt, ich bin das Mädchen, ich suche den Film aus, so gehört sich das: das Mädchen sucht aus und der Junge zahlt.

ERNST. Stimmt, das ist fair.

TRAUTE. Wie heißt denn der Glückliche?

LISE. Richard! Richard Mahlow.

LOTTE. Wie hast du ihn denn kennengelernt?

LISE. Das ist eine ganz verrückte Geschichte. Ich muss ja zur Arbeit Jannowitzbrücke umsteigen und da stand er immer an der Treppe und hat mir Flugblätter in die Hand gedrückt und immer so nett gelächelt und eines Abends fragt er mich, ob ich die auch wirklich lese, habe ich nicht, habe ich ihm auch gesagt und dass mir das leidtut. Ich bin eben immer so müde nach Feierabend und dann sagt er, egal, wir können ja irgendwann zusammen ausgehen und dann erklärt er mir das alles. Und das hat er so nett gesagt und dann sind wir einen Samstag auf den Schlesischen Rummel.

TRAUTE. Ist das nicht gefährlich da?

LISE. Da waren noch ein paar Kameraden dabei und das sind Jungs, an die sich keiner rantraut. Wenn die in Uniform übern Rummel gehen … aber das müssen sie auch, damit sie nicht angegriffen werden. Richard haben sie im Winter in der Mulackei abgepasst und verdroschen, einfach so. Weil die das nicht haben können, dass einer sagt, was er denkt und dafür einsteht und in der Presse heißt es dann, die würden den Krawall machen.

ERNST. Können wir das Thema wechseln?

BODO. Lass sie doch erzählen.

ERNST. Entschuldigung, ich muss mir hier nicht die Casinoballade vom aufrechten SA-Mann anhören! Wirklich nicht!

(Kurze Stille.)

BODO. Darf sich das Mädchen nicht verlieben? Das ist eine ganz private Geschichte, da sollte man sich einfach mitfreuen.

ERNST. Der nette Kerl, der verdroschen wird. Wir reden hier über die übelsten Schlägertypen von Berlin und wenn dieses Mädel mit einem Sturmtrupp übern Rummel marschiert, ist das politisch. Wenn einer Flugblätter verteilt, auch, und wenn einer von der SA durchs Scheunenviertel marschiert, will er Radau, damit die Bewegung wieder einen Grund hat, auf ihre Feinde loszugehen.

LISE. Das stimmt überhaupt nicht! Die werden angegriffen, das sind alles Presselügen.

ERNST. Bodo, ich appelliere an deinen Verstand. Willst du mir hier erzählen, dass die SA friedliche Pfadfinder sind, die von neidischen bolschewistischen Bestien angegriffen werden? Ist das deine Meinung?

BODO. Natürlich schlagen sie manchmal über die Stränge …

ERNST. Über die Stränge? Eine Truppe, welche die öffentliche Ordnung massiv zerstört, um sich dann als Retter der öffentlichen Ordnung anzubiedern? Rechtfertigst du den Straßenterror?

BODO. Das sind Randerscheinungen …

ERNST. Randerscheinungen?!

BODO. Solltest du mich als Demokrat nicht ausreden lassen? Danke. Es sind Randerscheinungen, die von der Parteileitung auch verurteilt werden. Aber grundsätzlich muss man die Sorgen des Volkes ernst nehmen, die Krise ist real, die Arbeitslosigkeit, der Schandvertrag von Versailles, die Demütigung des Deutschen Reiches. Und Brüning regiert mit Notverordnungen, die Demokratie ist am Ende, weil sie eine Regierungsform für Schönwetterzeiten ist. Im Sturm braucht es einen Kapitän, der sagt, wo es langgeht.

ERNST. Diktatur.

BODO. Ich sage nur, dass die Demokratie nicht funktioniert. Und dass die Menschen Hoffnung brauchen. Arbeit. Und Brot! Und dass die Deutschen das Recht haben, auf ihr Land stolz sein zu können.

LISE. Genau.

TRAUTE. Ich glaube, das genügt.

BODO. Ich habe damit nicht angefangen. Ernst scheint von diesem Thema besessen zu sein.

ERNST. Ich habe diese ewige Propaganda satt! Ich will nicht bei einem Osterfrühstück diese Lügen hören.

BODO. Wenn du das sowieso für Propaganda hältst, dann solltest du mich vielleicht nicht provozieren!

ERNST. Das ist der Terror, der sich als Vaterlandsliebe tarnt. Und du machst ihnen den Leierkastenmann, weil es für einen Saint-Just nicht reicht.

TRAUTE. Lass es, Ernst, auch wenn du gerne diskutierst, man muss auch mal fünf Minuten Ruhe von der Politik haben!

(Ein Moment der Stille, alle sitzen in sich versunken am Tisch, es ähnelt dem Motiv des Gemäldes.)

ERNST. Ich gehe mal kurz an die frische Luft. *(Er steht auf und geht ab. Stille.)*

LISE. Ist das jetzt meine Schuld? Hätte ich das nicht erzählen sollen?

TRAUTE. Das konntest du nicht wissen.

LISE *(zu Bodo)*. Aber Sie verstehen, was ich sagen wollte.

(Bodo steht auf.)

BODO. Ich glaube, es ist besser, wenn ich jetzt aufbreche. Ich möchte nicht die Stimmung verderben und wenn Ernst noch bleiben will, dann muss ich es wohl sein, der das Feld räumt.

LOTTE. Tut mir leid, ich dachte, es ist eine Verständigung möglich.

(Ernst kommt wieder herein und bleibt an der Tür stehen.)

BODO. Vielleicht ist die Zeit der Verständigung einfach vorbei, so bedauerlich ich das auch finde. Empfehle mich. *(Er küsst Lotte die Hand, nickt den anderen kurz zu und geht ab. Stille.)*

LISE. Richard ist nicht so, er ist ein ganz lieber Mensch und er ist voller Hoffnung, er glaubt an etwas und das kommt von Herzen. Das spürt man doch. Jeder will an etwas glauben, oder? So ein stolzer Mensch, der macht einen auch selbst stolz. Er kommt gleich, ich kann ihn kurz hochbitten, ihr werdet sehen, dass er ganz anders ist.

LOTTE. Ich glaube, das ist heute keine gute Idee, Lise.

ERNST. Wenn hier jetzt ein SA-Mann hereinmarschiert, kann ich für nichts garantieren.

(Lise steht auf.)

LISE. Wegen Leuten wie Ihnen …

ERNST. Ja? Was?

LISE. Der kämpft auch für Sie.

LOTTE. Schon gut, Lise, mach dir einen schönen Ostersonntag.

(Lise geht ab. Ernst zittert vor Wut, Traute will ihn umarmen, Ernst wehrt sie ab.)

ERNST. Jetzt bitte nicht. Ich ›diskutiere‹ lieber.

TRAUTE. Das war dumm von mir, tut mir leid.

ERNST. Ich hätte mir das nicht antun sollen. Das geht mir an die Nieren. Und da bin ich wohl leider der Einzige. Wundert mich. Hätte ich nicht erwartet.

LOTTE. Du hast ja recht.

ERNST. Das wäre vor fünf Minuten ein wunderbarer und hilfreicher Satz gewesen. Ich gehe jetzt. *(Er nimmt seinen Mantel.)*

TRAUTE. Bleib bitte hier.

ERNST. Ich versuche hier das Leben zu verteidigen, das nicht nur ich führe, sondern ihr auch, gerade ihr. Aber komischerweise war ich der Querulant, weil diese Nazibrut peinlich berührt ist, wenn man ihren Lügen widerspricht. Ich, ich war hier der Störenfried, weil ich das nicht hinnehmen will, und muss mir anhören, dass ich gerne diskutiere …

TRAUTE. Ich habe gesagt, dass es mir leidtut!

ERNST. Das bringt mir jetzt nichts mehr! Die konnten sich als die bürgerliche Normalität inszenieren, als nette Menschen, die voller Sorgen sind und Träume haben, und das ist das Schlimme! Versteht ihr das nicht? Ich habe einen Redakteur beleidigt, der mir Gutes will, und einer blonden deutschen Maid die große Liebe madig gemacht, so sind die hier rausmarschiert, als empörte Unschuld. Dabei reden wir über Totschläger, Rassefanatiker, Büttel der Großindustrie … über den Hass im Schafspelz und ihr haltet den Mund, ihr haltet einfach den Mund!

LOTTE. Ernst. Ich bin Jüdin. Ich bin eine berufstätige Frau. Ich bin alleinstehend. Ich bin eine der ersten Frauen, die auf der Akademie zugelassen wurden. Ich stehe auf allen schwarzen Listen ganz oben. Ich kann es mir nicht leisten.

ERNST. Das musst du dir aber leisten, gerade du. Ich bin Deutscher, blond, Vorfahren im Märkischen seit vierhundert Jahren, Dramaturg eines Possentheaters in einem Nazibezirk. Ich bin nicht in Gefahr. Du schon.

LOTTE. Das habe ich doch gerade gesagt. Aber ich bin Malerin, ich habe nicht die Kraft und den Willen, dauernd meine Meinung vor mir herzutragen.

ERNST. Das könnte ja deine Karriere gefährden. Deine Kunden. Aber manchmal muss man es sich mit Leuten verderben.

LOTTE. So wie du.

ERNST. Ich gehe jetzt, ich habe genug Porzellan zerschlagen. Hast du genug Geld für ein Taxi, Traute?

TRAUTE. Ich komme mit.

ERNST *(zu Lotte)*. Ich werde dich sicher morgen anrufen und mich für alles entschuldigen, was heute passiert ist. Heute schaffe ich das noch nicht.

(Ernst ab. Traute umarmt Lotte.)

TRAUTE. Ich kann ihn jetzt nicht alleine lassen. Er nimmt sich immer alles so zu Herzen.

LOTTE. Rufst du mich an?

TRAUTE. Ja.

LOTTE. Bald?

TRAUTE. Ja.

LOTTE. Habe ich etwas falsch gemacht?

TRAUTE. Ich weiß es nicht. Ich muss zu Ernst. *(Ab.)*

Siebte Szene

Mai 1930

LOTTE. Sehr geehrter Herr Gurlitt, lange habe ich Sie um einen Besuch im Atelier gebeten und nun, da Sie den Wunsch geäußert haben, meine neuen Arbeiten zu sehen, muss ich Ihnen leider absagen. Oder um eine Verschiebung bitten, um genau zu sein. Ich muss an dem beschriebenen Werk noch einen Schritt weiterkommen, um selbst beurteilen zu können, ob es sich lohnt, dass ein vielbeschäftigter Mann wie Sie den Weg nach Friedenau dafür auf sich nimmt. Ich habe Ihnen schon im letzten Brief beschrieben, welches Eigenleben dieses Bild für mich entwickelt hat, und wenn Sie nun den Kopf schütteln, weil das sicher dem üblichen Künstlergeschwätz ähnelt, muss ich das hinnehmen. Das Bild braucht noch eine klare Entscheidung, dann wird sich weisen, ob es für eine Galerie oder eine Schießbude im Lunapark taugt. Nicht, dass das Werk wider mich aufsteht, solche Schnurren sind bei Hoffmann besser aufgehoben als in einem Brief an einen Galeristen. Aber ich fürchte Entscheidungen, denn alles, was ich male, verschwindet. Ich habe währenddessen ein Selbstporträt mit Modell gemalt, welches mir gelungen erscheint. Es ist stilistisch den Impressionisten näher als die vorigen Werke und ein Liebermannscher Trost geht von dem Bild aus, der mir den Mut gibt, manchmal wieder einen Blick auf meinen Fluch zu werfen. Aber ich bin eine Kämpfernatur, ich werde bald berichten können, ob das Bild galeriewürdig ist oder kommenden Winter mein Atelier heizen wird.

Achte Szene

Juni 1930

Lotte legt eine Platte von Beniamino Gigli auf. Dann beginnt sie den Motivtisch mit den Requisiten zu decken. Es klopft, Maria kommt herein, ihre Haare sind nun wasserstoffblond gefärbt, es wächst am Ansatz schon dunkel nach, ihr gesamtes Erscheinungsbild ist abgerissen und etwas verwahrlost, sie trägt einen zu roten Lippenstift und wirkt übermüdet. Lotte sieht sie einen Moment staunend an.

MARIA. Erkennen Sie mich nicht mehr, Frau Laserstein? Habe ich mich so verändert?

LOTTE. Nein, ich habe nur nicht damit gerechnet, dich wiederzusehen.

MARIA. Darf ich hereinkommen?

LOTTE. Bitte sehr.

(Lotte macht die Platte aus, Maria setzt sich, zieht ihre Schuhe aus und reibt sich die schmerzenden Füße, sie sieht sich um und bemerkt das Bild.)

MARIA. Es wird schön.

LOTTE. Ich habe einen Monat Pause gemacht. Gerade wollte ich den Motivtisch wieder einrichten.

MARIA. Dann komme ich ja genau richtig.

LOTTE. Du kommst vier Monate zu spät. Wir hatten einen Termin.

MARIA. Ich war da. Aber Sie nicht.

LOTTE. Und wann?

MARIA. Vor vier Monaten? Ich habe einen Zettel an die Tür gesteckt.

LOTTE. Ich habe nichts gefunden.

MARIA. Mit allem. Mit Adresse und allem. Sie können sich auf mich verlassen.

LOTTE. Warum hast du es nicht nochmal probiert?

MARIA. Ich konnte nicht.

LOTTE. Wo warst du?

MARIA. Jetzt bin ich da. Ist nicht meine Schuld.

(Kurze Stille.)

LOTTE. Willst du einen Kaffee? *(Sie bringt ihr einen Kaffee.)*

MARIA. Schön, wie der Tisch gedeckt ist. Wie im Sommer.

LOTTE. Greif zu.

MARIA. Aber das ist für das Bild.

LOTTE. Hast du Hunger oder nicht?

MARIA. Darf ich?

(Lotte nickt, Maria geht zum Tisch und beginnt zögernd zu essen, dann immer gieriger. Lotte beobachtet sie.)

LOTTE. Wie geht es deiner Mutter?

MARIA. Zurück in Bialystok, sie war krank. Ich konnte ihr nicht mehr helfen.

LOTTE. War?

MARIA. Ist krank. War. Ich weiß nicht. Sie dürfen mich nicht so ansehen, Frau Laserstein, ich will das nicht.

LOTTE. Das gehört zu meinem Beruf.

MARIA. Aber man sieht nicht zu, wie Leute essen. Nur gemeine Menschen wollen sehen, wie andere essen, wenn sie hungrig sind. Wollen Sie so etwas sehen? Nein, oder? Wollen Sie sehen, wie ich scheiße? Nein. Oder wie ich von einem Mann gefickt werde? Nein, wollen Sie nicht, weil man das nicht tut, wenn man nicht ein Schwein ist. Sie sind kein Schwein, also schauen Sie nicht zu. Bitte.

(Lotte geht zum anderen Tisch, nimmt sich Kaffee, sieht Maria nicht mehr an.)

LOTTE. Iss nicht so viel auf einmal, dein Magen muss sich wieder gewöhnen.

MARIA. Ich weiß, wie ich essen muss.

LOTTE. Du kannst dir den Rest einpacken.

MARIA. Danke. Es ist nicht für mich.

LOTTE. Sagst du mir für wen?

MARIA. Freunde, die auf mich aufpassen. Haben Sie ein Tuch oder eine Tasche?

(Lotte wirft ihr ein Tuch hin, Maria packt die restlichen Esswaren vom Tisch in das Tuch.)

MARIA. Und Sie? Ist alles gut bei Ihnen?

LOTTE. Alles gut.

MARIA. Auf Ihnen ruht ein Segen. Noch einen Kaffee, dann fangen wir an, ja? Haben Sie das Kleid?

(Lotte sucht in einer Kiste nach dem grünen Kleid und gibt es ihr. Maria zieht ihr Kleid aus, darunter hat sie verschlissene Unterwäsche, sie hat blaue Flecken und entzündete Schürfungen an den Oberschenkeln und den Armen. Lotte sieht sie an.)

MARIA. Sie finden mich schön, oder? Ich weiß das, ich kenne diesen Blick. Schauen Sie ruhig.

LOTTE. Was ist passiert?

MARIA. Was wollen Sie sehen?

LOTTE. Was ist los mit dir?

(Sie mustern sich.)

LOTTE. Ich habe dich was gefragt.

MARIA. Du bist nicht meine Mutter, du Fotze.

(Stille.)

LOTTE. Raus hier.

MARIA. Willst du nicht, dass ich so mit dir spreche? Ich kann auch anders. Ganz wie du willst.

LOTTE. Ich habe gesagt, raus hier.

MARIA. Dann will ich das Geld für die letzten Sitzungen. Sie haben mich betrogen, ich will sofort, was mir zusteht.

LOTTE. Raus, sofort, ich sage es nicht nochmal.

MARIA. Ich kann auch sagen, dass Sie mich angefasst haben, mich küssen wollten. Wenn das meine Freunde erfahren, werden sie sehr wütend. Sie müssen mir nur das Geld für die Sitzungen geben, dann ist alles gut.

(Lotte geht zu Maria, dann gibt sie ihr eine schallende Ohrfeige.)

LOTTE. So redest du nicht mit mir! Verstanden?

(Maria hält sich die Wange. Stille.)

MARIA. Entschuldigung.

(Lotte geht zu der Kaffeedose und entnimmt ihr einen Zehnmarkschein, gibt ihn Maria.)

LOTTE. Du weißt genau, dass ich dir nichts schulde. Das ist ein Geschenk. Wie das Essen. Ich will nichts von dir. Ich will auch nicht wissen, warum du im Gefängnis warst. Oder ob du anschaffen gehst, wer deine Freunde sind. Interessiert mich nicht. Ich bin dir gut. Noch. Aber überspann den Bogen nicht. Ist das klar?

(Maria nickt.)

MARIA. Meine Mutter ist krank. Ich muss ihr Geld schicken.

LOTTE. Ich habe dir gerade welches gegeben.

MARIA. Danke.

LOTTE. Was ist das an deinen Schenkeln?

MARIA. Weiß nicht mehr.

LOTTE. Es hat sich entzündet, du musst Jod darauf machen.

MARIA. Das ist nicht schlimm.

(Lotte holt Watte und ein Jodfläschchen.)

LOTTE. Hier, mach das auf die Wunde.

MARIA. Machen Sie, ich kann das nicht.

(Lotte zögert kurz, dann kniet sie vor Maria und tupft vorsichtig die Wunde ab.)

MARIA. Es waren drei. Erst nur einer, plötzlich kamen noch zwei.

LOTTE. Deine Freunde?

(Maria schüttelt den Kopf, dann fährt sie Lotte einmal durch die Haare.)

MARIA. Sie sind ein guter Mensch.

(Lotte steht auf, bringt das Fläschchen weg.)

LOTTE. Du stinkst, du musst dich waschen. Drüben im Schüleratelier ist eine Schüssel und Seife. Nimm das Handtuch, das neben dem Wasserhahn hängt. Ich sehe nach, ob ich noch Ersatzwäsche für dich habe.

(Maria geht ab, Lotte beginnt in den Kisten unter dem Arbeitstisch zu suchen. Lise kommt.)

LOTTE. Lise, kannst du mir Unterwäsche leihen?

LISE. Sie haben doch gar nicht meine Größe.

LOTTE. Es ist nicht für mich. Warte, ich habe hier etwas. Kannst du es Maria bringen? Sie wäscht sich im kleinen Atelier.

(Lise wirkt völlig verständnislos.)

Nun sieh mich nicht an wie eine Kuh beim Blitz, bring es ihr schnell. Ihr seid ein Alter, dann ist es einfacher.

LISE. Wieso einfacher? Daran ist nichts schwierig.

LOTTE. Herrgott, dann mache ich es eben selbst.

LISE. Ich komm später wieder.

LOTTE. Was immer du jetzt denkst, ist falsch.

(Maria kommt wieder, sie hat nur ein Handtuch um. Lise starrt sie an.)

LOTTE. Willst du deine alten Sachen mitnehmen?

MARIA. Ja.

LOTTE. Zieh dich um, ich packe sie dir inzwischen ein, hier sind frische Sachen.

(Lotte ab. Maria setzt sich.)

LOTTE *(off)*. Du hast ja alles unter Wasser gesetzt!

MARIA. Entschuldigung, ich mache gleich sauber.

LOTTE *(off)*. Nein lass, zieh dich an, ich mache das schnell.

MARIA. Du bist das Mädchen, das in die Mitte soll, oder?

LISE. Warum fragst du, wenn du es weißt?

MARIA. Warum guckst du so böse? Du musst nicht eifersüchtig sein.

LISE. Willst du dir nicht was anziehen?

MARIA. Du wolltest wissen, wie ich mich schminke. Ich erinnere mich.

LISE. Das will mein Freund nicht.

MARIA *(lacht)*. Keine Schminke bei seinem Mädchen? Ist er ein Bauer?

LISE. Nicht so eine Schminke. Zieh dich endlich mal an.

MARIA. Dann dreh dich um, ich bin schüchtern.

LISE. Kann ich mir nicht vorstellen.

MARIA. Dann sieh es dir eben an, wenn du gern möchtest.

LISE. Muss nicht sein.

(Lise dreht sich um, Maria schlüpft in die neue Unterwäsche, packt schnell die Kaffeedose mit dem Geld in das Tuch, streift sich dann das grüne Kleid über und nimmt das Tuch mit den Esswaren. Sie geht zur Tür, Lise dreht sich wieder um.)

LISE. Was gibt das denn?

(Maria ab. Lise zögert, ob sie ihr hinterhergehen soll.)

LISE. Lotte?

(Lotte kommt wieder herein.)

LISE. Sie ist weg. Irgendwas stimmt da nicht. *(Sie bemerkt, dass die Kaffeedose fehlt.)*

LISE. Die hat Sie beklaut! Diese Nutte hat Ihre Geldbüchse geklaut.

(Lise will Maria hinterher. Lotte hält sie auf.)

LOTTE. Das ist in Ordnung so. Das wollte ich ihr sowieso geben, alles gut.

LISE. Das stimmt doch nicht.

LOTTE. Es waren nur noch fünfzig Mark drin.

LISE. Ja und? Das ist viel Geld.

LOTTE. Und es ist mein Geld. Lass gut sein.

LISE. Sie wollen mich für dumm verkaufen. *(Sie sieht Lotte misstrauisch an.)*

LOTTE. Sie war in Not, ich habe ihr geholfen.

LISE. Und dann beklaut Sie diese Polackenhure und Ihnen ist das schnurzegal? Das ist pervers. Jetzt zieht sie weiter und schädigt andere und das ist dann Ihre Schuld. Weil Sie das zulassen.

LOTTE. Beruhige dich, es gibt Wichtigeres als fünfzig Mark.

LISE. Wenn die ohne Strafe davonkommt, weil Ihnen das gleichgültig ist, sind Sie moralisch genauso verkommen wie die!

LOTTE. Du hast keine Ahnung, Kindchen!

LISE. Sie lassen Gesindel davonkommen und das gehört sich nicht. Oder Sie haben mich angelogen.

LOTTE. Ist dir das Wort Mitgefühl geläufig? Aus dem

Konfirmandenunterricht oder dem Weihnachtsgottesdienst?

LISE. Ich habe Mitgefühl mit dem armen Deutschen, den sie als Nächstes bestiehlt, weil Sie etwas für Judenhuren übrighaben. *(Ab.)*

Neunte Szene

Juli 1930

Lotte alleine.

LOTTE. Liebes Hundchen, ich habe ein Problem, das ich nur mit dir lösen kann. Könntest du bitte recht bald zu mir kommen? Ich bin diese Woche jeden Tag ab zwei Uhr im Atelier. Komm, wann immer du Zeit hast, ich bitte dich und ich warte auf dich. Dein Lotteken.
(Nach Ende des Briefes kommt Traute herein, Lotte umarmt sie.)

TRAUTE. Was ist passiert?

LOTTE. Danke, dass du gleich gekommen bist.

TRAUTE. Was ist denn?

LOTTE. Kannst du für Marias Beine Modell stehen? Sie kommt nicht mehr.
(Stille.)

TRAUTE. Deswegen schickst du mir einen Rohrpostbrief? Weißt du, was für Sorgen ich mir um dich gemacht habe? Ich dachte, es ist wer weiß was passiert, ich habe alles abgesagt ... dafür?

LOTTE. Ich bin dir sehr dankbar. Ich muss dieses Bild beenden, sonst erdrückt es mich.

TRAUTE. Kannst du immer nur an dich denken? Weißt du, was bei Ernst und mir gerade los ist?

LOTTE. Nein, woher soll ich das wissen, du lässt ja nichts mehr von dir hören.

TRAUTE. Es geht nicht immer nur um dich auf der Welt.

LOTTE. Wen hätte ich sonst fragen sollen?

TRAUTE. Ich habe gesagt, ich melde mich bei dir!

LOTTE. Aber das hast du nicht getan!

TRAUTE. Lotte … wirklich …

(Traute will gehen, Lotte hält sie auf, umarmt sie.)

LOTTE. Hundchen, nicht gehen, bitte nicht gehen. Bitte! *(Lotte und Traute stehen umarmt, Traute beginnt Lotte über die Haare zu streichen. Lotte lässt Traute unvermittelt los und setzt sich.)*

LOTTE. Entschuldige.

TRAUTE. Schon gut.

LOTTE. Ich will dich nicht auch noch verlieren.

TRAUTE. Was redest du denn da?

LOTTE. Wen habe ich noch außer dir. *(Sie setzt sich neben Traute.)* Ich habe Kopfschmerzen.

TRAUTE. Alles gut, Lotteken, du arbeitest nur zu viel.

LOTTE. Zu wenig. Oder das Falsche, ich weiß überhaupt nicht mehr weiter.

(Traute legt den Arm um sie.)

TRAUTE. Das Bild von uns beiden ist wunderschön geworden.

LOTTE. Ich brauche keinen Kindertrost. Du bist schön darauf, ja. Aber ich sehe aus wie ein blasierter barocker Malerfürst, alles nur Pose und Kunsthandwerk. Egal. Nicht jammern, klar bleiben. Fehler sehen. Niederlagen eingestehen.

TRAUTE. Du hast immer gesagt, dass Zweifel dazugehören.

LOTTE. Akademiegeschwätz, Künstlerweihrauch … sieh dir das Potsdamer Bild an. Fällt dir etwas auf?

(Traute sieht sich Abend über Potsdam *an.)*

TRAUTE. Es wird immer besser.

LOTTE. Sieh genau hin. Bodos Arm auf der Brüstung setzt

zu hoch an, seine Hände sind Pranken, die Linke kommt zu steil von unten, anatomisch unmöglich, passt nicht zum Oberarmansatz ... Frankensteins Monster.

TRAUTE. Wenn du ihn so siehst.

LOTTE. Ach was. Er hat nicht mehr auf meine Briefe reagiert, ich habe nach dem Foto gemalt, Pfusch, überall Pfusch auf diesem Bild. Ich habe kein Talent für große Formate. Oder für gar nichts, ich habe keine Kontrolle über das Bild, damit bin ich erledigt.

TRAUTE. Der leere Tisch gefällt mir besser. Es passt zur Stimmung.

LOTTE. Leere Tische und Brot kann jeder meiner Schüler nach der ersten Stunde.

TRAUTE. Hör auf, dir so unendlich leidzutun. Vier Millionen in dieser Stadt hätten gern deine Probleme.

(Traute geht zum Grammophon, sucht eine Platte heraus und legt sie auf: Greta Keller: Das Lied vom schwachen Stündchen. *Sie hören zu, sehen sich an, dann streckt Traute den Arm aus, Lotte reagiert nicht, Traute beginnt zu tanzen, Lotte sieht ihr eine Weile zu, dann kommt sie zu Traute, sie tanzen bis zum Ende des Liedes, dann nimmt Traute Lottes Hand und küsst sie.)*

TRAUTE. Vielen Dank, Madam.

LOTTE. Nochmal?

(Traute schüttelt den Kopf.)

TRAUTE. Soll ich dir die Füße massieren?

LOTTE. Würdest du? *(Sie zieht ihre Schuhe und Strümpfe aus.)*

TRAUTE. Leg dich hin.

(Lotte legt sich auf das Sofa. Traute beginnt, ihre Füße zu massieren.)

LOTTE. Du kannst das so gut.

TRAUTE. Irgendwas muss ich auch können.

LOTTE. Sei nicht so schrecklich kokett.

(Stille, Traute massiert Lottes Füße.)

LOTTE. Weißt du, wann du mir das letzte Mal die Füße massiert hast?

TRAUTE. Als wir in Holland waren vor zwei Jahren.

LOTTE. In dem Hotel an der Keizergracht, nach dem Tag im Rijksmuseum. Weil ich so dumm war, mit hochhackigen Schuhen ins Museum zu gehen.

TRAUTE. Weil du dich dafür schöner gemacht hast als für den Abend in der Bar. Sechs Stunden.

LOTTE. Ich habe dich nicht gezwungen, mich zu begleiten.

TRAUTE. Doch, das hast du.

LOTTE. Man muss das im Original sehen. Und da ist diese dumme Idee entstanden, dieses Bild zu malen. Vor all diesen Gilden und Kaufleuten, den Dienstmägden und Kupplerinnen, den satten roten Gesichtern, der Selbstzufriedenheit der Pfeffersäcke, vor ihrem Witz, ihrer Intelligenz, ihrem Bürgersinn und dem Selbstbewusstsein, in einer goldenen Republik zu leben. Der Spott und die Menschenliebe dieser Maler, das warme Licht und diese Farben … und dann will man das auch als dummes Akademiehuhn. Ein kolossaler Irrtum, eine grandiose Selbstüberschätzung.

TRAUTE. Es war schön, das mit dir zu sehen.

LOTTE. Alles war schön in Holland. Auch die versoffene Idee, ein Abendmahl zu malen, nicht mit einem Christus in der Mitte, sondern mit einer Frau, einem Backfisch, einem Büromädchen mit Kodderschnauze und einem frechen Gesicht. Wenn die Holländer aus ihrem Christus einen friesischen Bauern machen können, dann mache ich daraus eine Berliner Göre, der die Zukunft gehört. Wahrscheinlich gibt es da oben einen alttestamentarischen Gott, der mich für diese Hybris bestraft. Und es ist ihm egal, ob ich an ihn glaube oder nicht.

TRAUTE. Holland war unsere schönste Zeit.

(Lotte richtet sich auf.)

LOTTE. Hundchen, was soll das?

TRAUTE. Was ist?

LOTTE. Du legst so einen pastoralen Ton auf, ich fühle mich wie auf meiner eigenen Aussegnung.

(Kurze Stille.)

TRAUTE. Ernst hat ein Angebot, ans Ronacher nach Wien zu gehen. Er fühlt sich nicht mehr wohl in Berlin.

LOTTE. Man kann nicht von Berlin nach Wien ziehen, das ist widernatürlich.

TRAUTE. Er hat Angst, dass es nicht mehr lange gut geht in Deutschland.

(Stille.)

TRAUTE. Noch ist nichts entschieden.

LOTTE. Wer entscheidet?

TRAUTE. Wir beide. Aber er verdient natürlich das Geld.

LOTTE. So schlimm wird es nicht kommen mit Deutschland.

TRAUTE. Ich würde auch lieber bleiben.

(Stille.)

LOTTE. Alle auf diesem Bild verlassen mich, alle. Und du jetzt auch.

TRAUTE. Das hat nichts mit dir zu tun.

LOTTE. Nein, die einen gehen wegen der anderen und ich

kann es mir nur ansehen, ansehen, wie alles zerbricht und in tausend Scherben fällt.

TRAUTE. Dann beende es. Schaff es dir von der Seele.

LOTTE. Mit einem kleinen Nazimädchen in der Mitte? Einem antisemitischen Balg, das einer der Gründe ist, dass du und Ernst gehen? Dann hätte ich nicht die Zukunft in der Mitte, sondern Judas.

TRAUTE. Vielleicht ist das ja die Zukunft.

(Lotte steht auf und zieht sich ihren Kittel an.)

LOTTE. Sag mir, dass ich eine gute Malerin bin, dann fangen wir an.

TRAUTE. Bist du. Und vergiss nicht: es ist noch nichts entschieden.

LOTTE. Dann denke ich auch nicht darüber nach.

(Traute geht in Position.)

LOTTE. Die Judasfarbe ist Gelb, das passt auch besser, ich gebe ihr ein gelbes Kleid.

TRAUTE. Stimmt die Position?

LOTTE. Jetzt müsstest du nur noch so schöne Beine wie Maria haben.

TRAUTE. Dann benutz doch einfach mal deine Phantasie beim Malen.

Zehnte Szene

August 1930

Lise hat sich ein gelbes Kleid angezogen, betrachtet sich im großen Spiegel. Lotte kommt aus dem Schüleratelier, eine Kanne Kaffee, sie schenkt sich ein.

LOTTE. Auch einen Kaffee?

LISE. Nein, sonst werde ich zu nervös und kann nicht stillhalten. *(Sie wirft noch einen Blick in den Spiegel.)* Eigentlich steht mir Gelb nicht.

LOTTE. Es steht dir wunderbar. Es ist Vermeers Farbe. Und es harmoniert viel besser mit den anderen Farbenverläufen auf dem Bild.

LISE. Von so was habe ich keine Ahnung. Kann ich doch einen kleinen Kaffee haben, bevor es losgeht? *(Sie nimmt sich einen Kaffee.)* Nochmals danke. Ich dachte wirklich … es tut mir leid, ich wollte nicht so schimpfen, ich war nur so sauer, dass Sie sich einfach so beklauen lassen.

LOTTE. Schwamm drüber.

LISE. Ich habe nichts gegen Juden, wirklich. Ich gehe immer noch zu Wertheim, auch wenn Richard sagt, dass ich nicht soll, aber da lasse ich mir keine Vorschriften machen. Ich kenne viele nette Juden und nur weil Richard da so ein Hundertfünfzigprozentiger ist …

LOTTE. Lise, ich sagte Schwamm drüber.

LISE. Entschuldigung.

(Kurze Stille.)

LISE. Ich war nur so froh, dass ich Ihnen Modell stehen darf, ich dachte später, so, das hast du dir verscherzt, selber schuld. Was kannst du auch nicht deine Klappe halten.

LOTTE. Ehrlich gesagt habe ich darüber nachgedacht.

LISE. Dann lag ich gar nicht so falsch.

LOTTE. Nein.

LISE. Und warum nun doch, wenn ich fragen darf?

LOTTE. Nicht wichtig. Setz dich, wir fangen gleich an, ich muss noch die Farben mischen.

(Lotte trägt Farben auf der Palette auf, Lise setzt sich, beobachtet Lotte.)

LISE. Weil ich mich verändert habe? Weil ich nicht mehr das naive Trampel vom letzten Sommer bin?

LOTTE. Und was bist du jetzt? Erwachsen?

LISE. Ich habe einen Freund, ein Ziel, ich ludere nicht mehr herum und ich habe einen Plan für mein Leben. So wie es war, konnte es nicht weitergehen.

LOTTE. Warum nicht?

LISE. Das wissen Sie wirklich nicht?

LOTTE. Ich mochte das Trampel, ich mochte deine Geschichten, wie du dich schminkst und dein Leben genießt, ausgehst, arbeitest, unabhängig bist, dein eigenes Geld verdienst, deine Frechheit, alles was du tust und was ich in deinem Alter nicht konnte. Und jetzt plapperst du nach, was dir dein Freund vorsagt.

(Stille.)

LOTTE. Vergiss es, nur ein Anfall von Nostalgie.

LISE. Sind Sie eifersüchtig auf Richard?

LOTTE. Du verstehst überhaupt nichts.

LISE. Ich hätte nie gedacht, dass Sie mich überhaupt ernst nehmen.

LOTTE. Ich war stolz auf dich. Auf dich und all die anderen

schönen jungen Mädchen da draußen, die getan haben, was ihnen gefällt.

LISE. Normale Frauen wollen irgendwann eine Familie haben. Zumindest in Deutschland ist das so. Wer nur das tut, was ihm gefällt, vernachlässigt seine Pflicht. Das können Sie wahrscheinlich nicht verstehen.

LOTTE. Ja, völlig richtig, Lise.

(Stille.)

LOTTE. Ich könnte dich als deutsche Frau von heute malen. Wäre dir das recht?

LISE. Natürlich.

LOTTE. Kennst du den Faust?

LISE. Goethe?

LOTTE. Gelesen?

LISE. Nein.

LOTTE. Gretchen ist ein schönes deutsches Mädchen, das sich in Faust verliebt. Im Film war das Camilla Horn.

LISE. Echt? Aber ich hab doch nichts von der Horn.

LOTTE. Aber auf der Bühne ist das oft so ein Mädchentyp wie du.

LISE. Kann ja sein. Aber Faust ist mit dem Teufel im Bund.

LOTTE. Das weiß sie ja nicht. Sie ist einfach nur verliebt in ihn. Und Faust ist schließlich der deutsche Mann schlechthin.

LISE. Aber stirbt die nicht am Schluss? Oder fährt zur Hölle?

LOTTE. Das weiß sie ja auch noch nicht. Mir geht es nur um deinen Ausdruck. Du hast Faust gesehen, er hat um dich geworben, du hast dich verliebt und denkst den ganzen Tag an ihn.

LISE. Haben Sie den anderen auch Geschichten erzählt, damit sie wissen, wie sie gucken sollen?

LOTTE. Natürlich.

LISE. Passt das denn in das Bild?

LOTTE. Sonst würde ich dir das nicht erzählen.

LISE. Ich glaube, ich hab es noch nicht verstanden. Also Liebeskummer? Oder traurig? Wie soll das gehen mit Gretchen?

LOTTE. Trauer, eine große Trauer, weil etwas unwiederbringlich vorbei ist. Eine Seelenruhe, eine goldene Zeit … oder eine große Liebe.

LISE. Ich dachte, ich muss einfach nur stillhalten.

LOTTE. Versuche es mal.

(Lise konzentriert sich, Lotte beobachtet sie, Stille, nach einiger Zeit kommen Lise die Tränen.)

LOTTE. Sehr schön. Woran hast du gedacht?

LISE. Ganz was anderes. Ich dachte, wie es wohl sein wird, in zehn Jahren das Bild anzusehen. Neunzehnhundertvierzig. Da bin ich dann schon Anfang dreißig. Was dann wohl ist? Ob ich mit Richard verheiratet bin? Wo ich wohne, ob ich Kinder habe oder ob ich überhaupt noch da bin? Man weiß ja nie, was passiert. Oder wenn ich irgendwann als verhutzeltes altes Reff, was weiß ich, neunzehnhundertneunzig, mich sehe, wie ich da so sitze und an die Zukunft denke … Entschuldigung, das ist blöd, oder?

LOTTE. Nein, das war gut. Danke. Wir fangen an.

Elfte Szene

14. September 1930

Ernst, Traute und Lotte. Das Gemälde Abend über Potsdam *ist fertig. Der Bildträger ist mit einem Leintuch verhüllt. Lotte hat eine Flasche Champagner in einem Eiskübel bereitstehen, drei Gläser.*

LOTTE. Danke, dass ihr gekommen seid.

ERNST. Sind wir die Einzigen?

LOTTE. Lise ist unten und wartet mit ihrer SA-Clique auf die Ergebnisse. Ich habe ihr nicht Bescheid gesagt, sonst wären wohl alle hochgekommen.

ERNST. Leider kein guter Tag für einen so festlichen Anlass.

TRAUTE. Doch, gerade. Sonst hätte ich den ganzen Tag mit dir am Radio verbracht. Ich bin froh um jede Ablenkung.

ERNST. Warst du heute wählen?

LOTTE. Nein.

TRAUTE. Das ist jetzt egal, Ernst.

ERNST. Was habe ich denn gesagt?

LOTTE. Ich war den ganzen Tag im Atelier.

TRAUTE. Sei froh, dass du nicht draußen warst, es ist eine seltsame Stimmung in der Stadt. Als ob was brodelt.

ERNST. Es kann sein, dass die Nazis ihre Mandate vervierfachen, vielleicht werden es sogar sechzig Mandate für sie. Kann ich nachher schnell das Radio anschalten?

LOTTE. Wann kommen die Ergebnisse?

ERNST. Irgendwann jetzt, jeden Moment.

TRAUTE. Jetzt geht es erst einmal um dein Bild, Lotteken.

LOTTE. Wollen wir zuerst etwas trinken?

TRAUTE. Du bist der Zeremonienmeister.

LOTTE. Ich mache schon mal die Flasche auf.

ERNST. Lass mich das machen. *(Er öffnet die Champagnerflasche.)*

LOTTE. Ich wechsle schnell meine Schuhe, man trinkt keinen Schampus in Galoschen. *(Sie geht ab.)*

ERNST. Warum ist sie so nervös?

TRAUTE. Sie hat ein Jahr an dem Bild gearbeitet.

ERNST. Macht sie immer so einen Hokuspokus, wenn ein Bild fertig ist?

TRAUTE. Nein, es ist was Besonderes.

ERNST. Muss ich auch irgendwas Besonderes sagen?

TRAUTE. Werde nicht humoristisch, das ist alles.

(Lotte kommt wieder, sie trägt hochhackige Schuhe.)

LOTTE. So geht es besser. Lasst uns schon mal ein Glas trinken.

TRAUTE. Du machst es spannend.

LOTTE. Nein, ich habe einfach Schiss, dass es euch nicht gefällt. Ihr müsst ehrlich sein.

TRAUTE. Natürlich.

ERNST. Schließlich ist es meine Ehrlichkeit, die dich am meisten an mir nervt.

LOTTE. Ich schätze deine Ehrlichkeit, Ernst, wirklich.

TRAUTE. Geh nicht darauf ein, er wollte nur geistreich sein.

LOTTE. Also?

(Lotte enthüllt das Bild. Traute und Ernst sehen es sich lange an.)

LOTTE. Und?

(Traute umarmt Lotte.)

TRAUTE. Es ist ein Meisterwerk, Lotteken.

LOTTE. Ich danke dir. Und du, Ernst?

ERNST. Gleich, ich muss es mir genau betrachten.

(Ernst sieht sich das Bild an. Von draußen hört man plötzlich Jubelschreie, es wird gesungen, das Horst-Wessel-Lied, Ernst geht wortlos zum Radio, wo die Ergebnisse der Reichstagswahl bekanntgegeben werden: »In der Wahl zum Reichstag hat die kommunistische Partei 70 Mandate errungen, die Hugenberg-Partei 41, die NSDAP 107 Mandate, was einem Stimmenanteil von 6,4 Millionen entspricht …« Ernst schaltet das Radio wieder aus und geht zurück zu dem Bild. Traute und Lotte sitzen schweigend am Tisch.)

ERNST. Ich muss mich bei dir entschuldigen, Lotte. Für alles, was ich über deine Kunst gesagt habe. Ich habe dir Unrecht getan.

LOTTE. Warum?

ERNST. Das ist nichts, was man über einen Kamin hängt. Das ist ein Bild der Zeit. Das taugt mehr als tausend Artikel und Analysen. Das sind wir. Was wir waren. Was wir sind. Nicht wissend, was wir sein werden. Und wo. *(Stille.)*

LOTTE. Ich danke dir, Ernst.

ERNST. Ich habe dir zu danken. Was wird nur aus uns allen werden? Entschuldigt mich, ich muss an die frische Luft. *(Ab.)*

LOTTE. Hat ihn das Wahlergebnis so erschüttert?

TRAUTE. Nein, dein Bild.

LOTTE. Du schmeichelst mir.

TRAUTE. Du weißt gar nicht, was du da gemalt hast, oder?

LOTTE. Wenn ich es gewusst hätte, hätte ich es nicht malen können. Ich weiß nur, dass ich so etwas nie wieder malen kann.

TRAUTE. Und warum nicht?

LOTTE. Weil ich jetzt weiß, wie schwer die Aufgabe ist. Und als ich Ernst betrachtet habe, als er das Bild betrachtet hat, wurde mir klar, dass da nicht die Freunde voneinander Abschied nehmen, sondern ich von ihnen.

TRAUTE. Wir werden nicht nach Wien gehen.

LOTTE. Das ist sehr schön, aber das meine ich nicht.

TRAUTE. Du bist niedergeschlagen, weil du erschöpft bist.

LOTTE. Erschöpft von der Arbeit an einem Bild erschöpfter Menschen aus einem erschöpften Land.

(Traute küsst Lotte.)

TRAUTE. Ich muss jetzt nach Ernst sehen. Ich komme morgen bei dir vorbei, dann fahren wir nach Caputh und machen uns einen schönen Tag, ja?

(Lotte nickt, Traute geht. Lotte zieht sich die hochhackigen Schuhe wieder aus, setzt sich und betrachtet das Bild. Von unten hört man SA-Kampflieder, Lotte trinkt Sekt. Fade out.)

BLACK.

Anmerkungen

9,5 *Brandmauer:* Mauer, die die Bühne im hinteren Bereich aus Feuerschutzgründen begrenzt und nicht selten in das Bühnenbild integriert wird.

10,25 *Letzter Jahrgang:* Die Wehrpflicht im Kaiserreich setzte für Männer mit der Vollendung des 17. Lebensjahres ein; der letzte Jahrgang, der z. T. noch an die Front kam, umfasste also die 1900 Geborenen.

10,29 *Etappenhengst:* abwertende Bezeichnung für einen Truppenangehörigen, der seinen Dienst überwiegend in der Etappe, also hinter der Front, versieht.

12,13 *Da Vinci:* Der italienische Maler, Bildhauer und Universalgelehrte Leonardo da Vinci (1452–1519) schuf zwischen 1494 und 1497 mit *Das Abendmahl* das wohl berühmteste Wandgemälde der Welt.

13,27 *Camilla Horn:* Die Schauspielerin Camilla Horn (1903–1996) verkörperte in Friedrich Wilhelm Murnaus (1888–1931) Stummfilm *Faust – eine deutsche Volkssage* (1926), der Motive aus unterschiedlichen Bearbeitungen des Faust-Stoffes verwob, das Gretchen.

14,22 f. *Vossischen Tagblatt:* Die *Vossische Zeitung* (so der eigentliche Name) war Berlins älteste überregionale Zeitung; sie erschien seit 1704 (unter unterschiedlichen Titeln) und war in der Weimarer Republik bürgerlich-liberal eingestellt. Ihr Erscheinen musste 1934 unter politischem Druck eingestellt werden.

14,27 *vulgo: Journaille:* Wie das Adverb *vulgo* schon andeutet (lat., ›gemeinhin benannt‹), ist Journaille eine abwertende Bezeichnung für Journalisten; sie etablierte sich Anfang des 20. Jahrhunderts.

16,4 *Neusachlich:* Das Adjektiv bezieht sich auf die Neue Sachlichkeit, die führende Kunstrichtung in der Weimarer Republik, in der eine Rückbesinnung auf die Welt des Sichtbaren und sozialkritische Themen im Mittelpunkt standen. Der Name wurde allerdings erst 1925 von Gustav Friedrich Hartlaub geprägt.

19,9 *Bankencrash:* Mit dem New Yorker Börsencrash im Oktober 1929 begann die Weltwirtschaftskrise, die Massenarbeitslosigkeit, großes soziales Elend und heftige politische Krisen zur Folge hatte. Sie gilt damit auch als ein Auslöser für den Aufstieg der Nationalsozialisten im Deutschen Reich.

19,13 *antizyklisch:* einem Zyklus, einer Entwicklung entgegengesetzt.

19,20 *Piscator:* Der Regisseur und Intendant Erwin Piscator (1893–1966) gilt mit dem von ihm entwickelten politischen Theater als einer der einflussreichsten Theatermacher der Weimarer Republik.

19,20 f. *Volkstheater:* Seit dem 18. Jahrhundert der Ort, an dem Theater für ›das Volk‹ gespielt wurde; damit verband sich auch eine qualitative (Ab-)Wertung der dort gespielten, oft leichten Stücke.

19,29 *Kollwitz:* Käthe Kollwitz (1867–1945), der es vornehmlich um die Darstellung der sozialen Bedingungen ging, gilt als eine der einflussreichsten bildenden Künstlerinnen des 20. Jahrhunderts. Sie engagierte sich gegen den Nationalsozialismus und wurde nach der Regierungsübernahme durch die NSDAP zum Rückzug ins Private gezwungen.

20,3 *SA-Leute:* Die Sturmabteilung (SA) der NSDAP wurde 1920 als Ordnergruppe gegründet, die v. a. bei Massenveranstaltungen eingesetzt wurde. In der Weimarer Republik entwickelten sich die ›Braunhemden‹ zum sichtbarsten und gewalttätigsten Teil der aufstrebenden ›Bewegung‹ und taten sich besonders bei der brutalen Verfolgung politischer Gegner hervor.

20,25 *Rote Hilfe:* Die Rote Hilfe Deutschland war eine politische Hilfsorganisation, die der KPD nahestand. Sie wurde 1924 gegründet und 1933 von den Nationalsozialisten verboten; sie setzte ihre Tätigkeit in der Illegalität aber noch bis 1936 fort.

20,30 *Gurlitt:* Hildebrand Gurlitt (1895–1956) war ein deutscher Kunsthistoriker und -händler. In der Zeit des Nationalsozialismus wurde er u. a. damit beauftragt, moderne und avantgardistische Kunstwerke ins Ausland zu verkaufen, die von den Nationalsozialisten in deutschen Museen beschlagnahmt und als ›entartet‹ diffamiert worden waren. Gurlitt legte aber auch selbst eine Sammlung dieser Werke an, die lange als verschollen galt und erst 2012 bei seinem Sohn wiederentdeckt wurde.

21,6 *Schtetl:* Mit dem aus dem Jiddischen stammenden Ausdruck (für dt. ›Städtchen‹) bezeichnet man Siedlungen in Osteuropa, die vor dem Zweiten Weltkrieg einen hohen jüdischen Bevölkerungsteil aufwiesen. Durch den Holocaust wurde die Schtetl-Kultur vollständig zerstört.

21,7 *Scheunenviertel:* Das Scheunenviertel liegt im heutigen Bezirk Berlin-Mitte und war lange Zeit eine sehr arme Gegend. In der zum Viertel gehörenden Grenadierstraße siedelten sich häufig orthodoxe Juden an, die Ende des 19. Jahrhunderts v. a. vor den Pogromen aus Russland geflohen waren. 1923 kam es aber auch im Scheunenviertel zu einem Pogrom, bei dem ein aufgestachelter Mob Juden überfiel, beraubte und misshandelte, weil das Gerücht verbreitet worden war, die Juden des Viertels seien dafür verantwortlich, dass Unterstützungsgelder vom Arbeitsamt nicht ausgezahlt werden konnten.

21,19 *Menetekel:* ein Vorzeichen / eine Warnung vor drohendem Unglück.

23,3 *Nick Lucas' Tiptoe throu the tulips:* Der Song, der von Al Dubin und Joe Burke geschrieben wurde, wurde durch den Sänger und Jazz-Gitarristen Nick Lucas (1897–1982) weltberühmt, der ihn in dem Musical-Film *Golddigers of Broadway* (1929) sang.

23,28 *die Penunzen:* Geld.

24,5 *Quetschkommode:* scherzhafte Bezeichnung für ein Akkordeon.

24,16 *Garnisonkirche:* Der Turm der in den Jahren 1730–35 errichteten Garnisonkirche war lange Zeit das höchste Gebäude und damit ein Wahrzeichen Potsdams. Am 21. März 1933 war die Kirche Schauplatz des »Tags von Potsdam«, einer Inszenierung zur Eröffnung des neugewählten Reichstages. Vor der Garnisonkirche entstand das später ikonisch gewordene Foto mit Reichskanzler Adolf Hitler (1889–1945) und Reichspräsident Paul von Hindenburg (1847–1934), auf dem sich Hitler vor von Hindenburg verneigt. Im April 1945 wurde die Kirche bei einem Bombenangriff schwer beschädigt; die Ruine ließ die Staatsführung der DDR schließlich 1968 sprengen. Seit 2017 erfolgt ein umstrittener Wiederaufbau der Kirche.

26,31 *Schickse:* Der jiddische Ausdruck, der bereits negativ konnotiert war (vom hebräischen *šeqeṣ*, ›Unreines‹, ›Abscheu‹ stammend), bezeichnete ursprünglich eine nicht-jüdische Frau, später wurde er dann auch als Schimpfwort für eine leichtlebige Frau gebraucht.

27,6 *Kanzler:* Gemeint ist der SPD-Politiker Hermann Müller (1876–1931), der zweimal Reichskanzler war (1920; 1928–1930).

27,17 *Ashkenasy:* Der Nachname ist ähnlich der Selbstbezeichnung mittel-, nord- und osteuropäischer Juden und ihrer Nachfahren, Ashkenasim, der mit Abstand größten Gruppe im heutigen Judentum.

27,18 *Kurwa:* derbes polnisches Schimpfwort.

30,21 *Vermeer:* Jan Vermeer van Delft (1632–1675) ist einer der bedeutendsten holländischen Maler des Barocks.

30,26 *Dschinn:* ursprünglich aus der islamischen Vorstellungswelt stammendes Geistwesen.

31,1 *Dorian Gray:* Titelfigur aus Oscar Wildes (1854–1900) einzigem Roman *Das Bildnis des Dorian Gray* (1890/91), in dem statt des Besitzers eines Porträts sein gemaltes Ebenbild altert und Spuren seiner Sünden zeigt.

32,17 f. *Aschingers Freischrippen:* Der 1892 gegründete Gastronomiebetrieb Aschinger, der zeitweise der größte seiner Art in Europa war, war durch seine Stehbierhallen und Restaurants weit über Berlin hinaus bekannt. Zu den sehr günstigen Mahlzeiten gab es nach Belieben Schrippen (Brötchen), was Aschinger v. a. bei ärmeren Schichten besonders beliebt machte.

32,25 f. *Völkischen Beobachter:* Der *Völkische Beobachter* war seit 1920 die Parteizeitung der NSDAP, die 1944 eine Auflage von 1,7 Millionen Exemplaren erreichte.

34,21 *Freeze:* englisch für ›einfrieren‹; im Drama bedeutet das, dass die Schauspieler ihr Spiel unterbrechen und in der Bewegung verharren, so dass das Geschehen stillzustehen scheint. Die Technik ist als Freeze Frame auch aus Filmen bekannt.

35,5 *Youngplan:* Der Young-Plan war der letzte der Reparationspläne, der auf Grundlage des Versailler Vertrags am 17. Mai 1930 rückwirkend zum 1. September 1929 in Kraft trat und regelte, welche Zahlungen das Deutsche Reich als Wiedergutmachung der Schäden des Ersten Weltkrieges zu leisten hatte.

35,19 *in Thüringen werden sich die Nazis:* Nach den Landtagswahlen vom 8. Dezember 1929 stellte die NSDAP mit Wilhelm Frick (1877–1946) erstmals einen Minister in einer Landesregierung. Als Innen- und Volksbildungsminister ›säuberte‹ er in seiner kurzen Amtszeit (bis April 1931) den Beamtenapparat, griff massiv in die Lehrpläne ein und brachte Gefolgsleute in Stellung.

39,6 *Brüning:* Der Zentrums-Politiker Heinrich Brüning (1885–1970) war nach der Ernennung durch Reichspräsident Paul von Hindenburg Reichskanzler von 1930 bis 1932. Im Parlament verfügte seine Regierung über keine eigene Mehrheit und musste daher immer öfter mit Hilfe von Notverordnungen des Reichspräsidenten regieren.

39,14 f. *Expressionismus, Dada, Kubismus:* Die drei Stilrichtungen, denen gemeinsam ist, dass sie sich vom Naturalismus ab- und dem Abstrakten zuwenden, galten den Nationalsozialisten als Inbegriffe der »entarteten Kunst«, als Teile einer »modernen« Fehlentwicklung seit dem Ende des 19. Jahrhunderts, die unbedingt beendet werden müsse.

39,21 *Herrn Brecht am Schiffbauerdamm:* Gemeint ist Bertolt Brecht (1898–1956), dessen *Dreigroschenoper* (mit Musik von Kurt Weill) 1928 im Theater am Schiffbauerdamm in Berlin Premiere hatte. Nach dem Krieg wurde das dortige Theater Spielstätte des von Brecht und Helene Weigel begründeten »Berliner Ensembles«.

41,6 *Weltbühne: Die Weltbühne* war eine ursprünglich als reine Theaterzeitschrift (erster Titel: *Die Schaubühne*) gegründete Wochenschrift für Politik, Kultur und Wirtschaft, die sich in der Weimarer Republik zum zentralen Sprachrohr der radikaldemokratischen Linken entwickelte. Sie wurde u. a. von Kurt Tucholsky (1890–1935) und Carl von Ossietzky (1889–1938) geleitet.

46,1 *Polonius:* Polonius ist eine Figur aus Shakespeares Drama *Hamlet*; er wird als Berater des Bösewichts Claudius irrtümlich von Hamlet getötet, als er sich hinter einem Vorhang versteckt und vom Protagonisten des Dramas für seinen Gegenspieler gehalten wird.

46,19 *Cum grano salis:* lat., ›mit einem Korn Salz‹, also mit etwas Wahrheit.

46,24 *Systempresse:* abfälliger Ausdruck für demokratische Medien, der – ebenso wie der bereits aus dem 19. Jahrhundert stammende

Ausdruck »Lügenpresse« – vor allem von rechten Medien und Politikern benutzt wurde (und auch heute noch wird).

47,3 *Messalina:* Valeria Messalina (vor 20 n. Chr. – 48 n. Chr.) war die dritte Frau des römischen Kaisers Claudius (10 v. Chr. – 54 n. Chr.), die als habgierig, brutal und ausschweifend galt.

47,7 *Die Rote Fahne:* Die Zeitung wurde 1918 zunächst als Organ des Spartakusbundes gegründet und wurde dann Zentralorgan der seit 1918 bestehenden Kommunistischen Partei Deutschlands (KPD). Ab 1933 war sie verboten, wurde aber in der Illegalität weitergeführt.

48,6 *Hottentotten:* Der Begriff wurde in der Kolonialzeit von den Buren geprägt und umfasste die Völkerfamilien der Khoikhoi, die auf dem heutigen Staatsgebiet von Südafrika und Namibia leben. Der Begriff ist von Anfang an herabsetzend gemeint und verwendet worden.

48,20 *Lehárs »Lächeln, immer nur lächeln«:* Musiknummer aus der Operette *Das Land des Lächelns* (1929) von Franz Lehár (1870–1948).

49,4 *Kokolores:* Unsinn.

49,19 f. *Ich bin von Kopf bis Fuß auf Liebe eingestellt:* Lied von Friedrich Hollaender (1896–1976) für den Film *Der blaue Engel* (1930), gesungen von Marlene Dietrich (1901–1992).

50,17 *Mulackei:* Bezeichnung für ein Gebiet um die im Scheunenviertel gelegene Mulackstraße, in der sich zahlreiche Kneipen und Kaschemmen befanden.

50,23 f. *Casinoballade:* abschätziger Begriff für eine schlechte Erzählung.

52,15 *Saint-Just:* Louis Antoine de Saint-Just (1767–1794) war ein Politiker zur Zeit der Französischen Revolution, der wesentlich an der gewaltsamen Politik zur Verteidigung der Republik beteiligt war, die unter der Losung »Tugend und Terror« berühmt und berüchtigt wurde.

54,26 *schwarzen Listen:* Die Nationalsozialisten führten vor und nach 1933 auf unterschiedlichen Ebenen der (Partei-)Verwaltung Listen und Verzeichnisse, auf denen unerwünschte Personen, Kunstwerke usw. verzeichnet waren. Berühmt geworden sind die schwarzen

Listen zu »schädlichem und unerwünschtem Schrifttum«, auf deren Basis 1933 die sogenannten Bücherverbrennungen durchgeführt wurden.

56,17 *Lunapark:* Zwischen 1909 und 1933 war der Lunapark am Berliner Halensee der größte Vergnügungspark Europas.

56,19 *Hoffmann:* Gemeint ist der romantische Schriftsteller E. T. A. Hoffmann (1776–1822).

56,24 f. *Liebermannscher:* Der Maler Max Liebermann (1847–1935) gilt als der bedeutendste Vertreter des deutschen Impressionismus. Als jüdischer Demokrat wurde er 1933 zum Rückzug aus der Öffentlichkeit gezwungen.

57,3 *Beniamino Gigli:* Der italienische Opernsänger und Filmschauspieler Beniamino Gigli (1890–1957) war ein gefeierter Star an den allerersten Häusern der Welt.

65,17 *Rohrpostbrief:* Ab 1886 entstand auch in Berlin ein immer dichter werdendes Netz aus Post- und Telegrafenämtern, die mittels eines Rohrpostsystems verbunden waren und zwischen denen mit großer Geschwindigkeit pneumatisch, d. h. mittels Druckluft, Sendungen bis 20 Gramm verschickt werden konnten. 1940 hatte das Berliner Netz eine Ausdehnung von fast 400 Kilometern.

67,17 f. *Greta Keller: Das Lied vom schwachen Stündchen:* Das leicht erotische Lied der Sängerin Greta Keller (1903–1977) stammt aus der Operette *Ihre Hoheit – Die Tänzerin* von Walter Wilhelm Goetze (1883–1961), die 1919 Premiere hatte.

68,9 *Rijksmuseum:* Das 1800 ursprünglich in Den Haag gegründete Amsterdamer Museum beherbergt eine große Sammlung der bedeutendsten niederländischen Maler, darunter Rembrandt (1606–1669), Jan Vermeer (1632–1675) und Frans Hals (um 1582 – 1666).

69,14 *Ronacher:* Das Ronacher ist ein ursprünglich 1872 eröffnetes und zwischenzeitlich als Varieté genutztes Theater im 1. Wiener Bezirk, das heute für Musical-Aufführungen genutzt wird.

70,16 *Judasfarbe:* Ab dem Mittelalter wurden Juden verpflichtet, einen gelben Fleck als Kennzeichnung zu tragen, um (sexuelle) Kontakte zu Christen zu verhindern. Aber auch Prostituierte wurden gezwungen, ein gelbes Band oder einen entsprechend farbigen Gürtel zu tragen.

71,20 *Wertheim:* Ab 1885 war das 1852 in Stralsund gegründete Unternehmen Wertheim auch in Berlin mit einer wachsenden Zahl an immer größeren Filialen vertreten. Das Unternehmen wurde zum Synonym für die modernen Kauf- und Warenhäuser, aber auch zum Ziel antisemitischer Angriffe.

73,24 *der deutsche Mann:* Die Bemerkung bezieht sich auf eine Deutungslinie des *Faust* von Johann Wolfgang Goethe (1749–1832), die die grundlegenden Eigenschaften der Titelfigur (Streben ins Unendliche, Erkenntnisdrang) als typisch deutsch ansah. Diese Verkürzung der Charaktermerkmale hatte auch unter nationalsozialistisch gesinnten Theatermachern und Interpreten viele Anhänger.

74,23 *Reff:* umgangssprachliche, abwertende Bezeichnung für eine alte, hagere Frau.

76,6 *Galoschen:* Überschuhe, die dem Schutz der eigentlichen Schuhe dienen.

77,3 f. *Horst-Wessel-Lied:* Ein politisches Kampflied, das zunächst von der SA genutzt und schließlich zur Parteihymne der NSDAP wurde. Es stammt von dem Berliner SA-Führer Horst Wessel (1907–1930), der von Mitgliedern der KPD ermordet und danach von den Nationalsozialisten zum Märtyrer stilisiert wurde.

77,8 f. *Stimmenanteil von 6,4 Millionen*: Das entsprach 18,3 % der abgegebenen Stimmen; stärkste Partei blieb die SPD mit 24,5 %.

78,13 *Caputh:* Die kleine Gemeinde, die heute nicht mehr selbständig ist, liegt etwa 12 Kilometer südwestlich von Potsdam am malerischen Schwielowsee.

78,18 *Fade out*: engl., ›abblenden‹, eigentlich ein Mittel aus dem Film: Das Licht wird langsam dunkler bis zur völligen Schwärze. Im Theater entspricht dieser Blende traditionell der Fall des Vorhangs.

Nachwort

Und plötzlich sind Pose und tatsächliche Haltung nahezu eins: »Ein Moment der Stille, alle sitzen [...] am Tisch, es ähnelt dem Motiv des Gemäldes.« (S. 52) Was das Kunstwerk schon länger ahnungsvoll zeigt, wird nun durch die Handlung auf der Bühne eingeholt. Das Kafka zugeschriebene (aber sehr wahrscheinlich nicht von ihm stammende) Bonmot von der Kunst als »ein[em] Spiegel, der vorausgeht wie eine Uhr – manchmal«[1] kommt unversehens in den Sinn, als der Streit zwischen Bodo und Ernst die Figuren offenbar dazu zwingt, in ähnlicher Weise zu verharren wie ihre gemalten Ebenbilder. Es ist eine Schlüsselszene des vorliegenden Dramas, weil sie zum Zentrum des Geheimnisses von Lotte Lasersteins (1889–1993) Gemälde *Abend über Potsdam* vorzudringen scheint, dessen Entstehung das gleichnamige Schauspiel gewidmet ist: Das Kunstwerk ›weiß‹ mehr als seine suchende Künstlerin und die Porträtierten. Die Sprachlosigkeit, die Erschöpfung, die Leere, die es zwischen den Abgebildeten einfängt, sind die aktuellen Zeichen einer Epoche, die an ihr Ende gekommen ist und deren Menschen noch nicht wissen, was an Abgründen vor ihnen liegt, die aber schon verstummt sind wegen allem, was bereits sicht- und fühlbar ist. Das Gemälde wird so zu einem Schlüsselwerk der letzten Phase der Weimarer Republik, das just in dem Moment fertig wird, als die Weltwirtschaftskrise Armut und Elend über die Welt gebracht hat und als diese Zustände in Deutschland mit dazu füh-

1 Gustav Janouch, *Gespräche mit Kafka*, Frankfurt 1951, S. 88. Es gilt heute als erwiesen, dass Janouch die Kafka-Zitate mehr oder weniger frei erfunden hat.

ren, dass den Nationalsozialisten der Weg Richtung Macht geebnet ist: Nur rund 30 Monate später, im Januar 1933, sollte Hitler Reichskanzler werden – und die Garnisonkirche würde nur wenige Wochen nach der Machtübertragung Schauplatz des »Tages von Potsdam« werden, an dem das Ende der Demokratie im wahrsten Sinne des Wortes eingeläutet werden sollte.

Für Zeitgenossen war Lasersteins Gemälde indes noch nicht als Darstellung erkennbar, die so deutlich über sich selbst und den eingefangenen Augenblick hinausweist.[2] In seiner Bedeutung für das Gesamtwerk der Künstlerin blieb es lange unbeachtet, wie auch die Malerin selbst aus dem kulturellen Gedächtnis verschwand, nachdem sie – als Jüdin aus dem Kunstbetrieb ausgeschlossen und bedroht – Deutschland 1937 verlassen musste und nach Schweden ins Exil ging. Erst ab Anfang der 2000er wurden sie und ihr umfangreiches Œuvre in Deutschland wiederentdeckt:[3] 2010 dann kaufte die Berliner Nationalgalerie *Abend über Potsdam* an, was »als Sensation gefeiert«[4] wurde. »Wer

2 Auch wenn im Stück selbst die Figur Ernst Rose offenbar schon 1930 erschüttert erkennt, was dem Bild eingeschrieben ist; vgl. dazu die letzte Szene des Dramas.

3 Die Arbeiten von Anna-Carola Krausse, die u. a. eine Werkbiografie zu Lotte Laserstein vorgelegt hat (*Lotte Laserstein (1898–1993). Leben und Werk*, Berlin 2006), waren für diese Wiederentdeckung in Deutschland ganz entscheidend. Sie war auch für die Entwicklung der Figur Lotte Laserstein im Drama eine wichtige Quelle für Hübner und Nemitz, wie diese in einem Schreiben an Sascha Feuchert vom 2. 3. 2021 erläuterten.

4 Volker Oelschlaeger, »Abend über Potsdam«, in: *Märkische Allgemeine*, 5. 4. 2017, www.maz-online.de/Lokales/Potsdam/Abend-ueber-Potsdam (Stand: 8. 3. 2021).

Lotte Lasersteins Gemälde [...] einmal gesehen hat, der wird es so schnell nicht wieder vergessen«,[5] beschreibt Alexander Eiling die heutige Wirkung des Kunstwerks.

Zu den Bewunderern des wieder aufgetauchten Bildes gehörten auch die beiden Dramatiker Lutz Hübner und Sarah Nemitz, die fast zur selben Zeit eine Anfrage des Potsdamer Hans Otto Theaters (HOT) nach einem Stück vorliegen hatten. »Die Stimmung auf dem Bild hat einen seltsamen Sog«,[6] erinnert sich Sarah Nemitz in einem Gespräch mit *Theater der Zeit* an ihren damaligen Eindruck, der schließlich dazu führte, dass sich das Autorenduo entschloss, es zum Gegenstand der Auftragsarbeit zu machen. Lutz Hübner erläutert für das Programmheft des HOT, das zur Uraufführung erschien, die Konstellation: »Interessant daran war die Konstruktion – die Figuren eines Bildes zum Ausgangspunkt für Biografien zu nehmen –, zum andern aber auch die Zeit. Das Bild entstand 1929/30, als die Goldenen Zwanziger auf ihrem Höhepunkt anlangten und zu Ende gingen. [...] Über den Entstehungsprozess des Bildes kann man eine Gesellschaft erzählen, in der erste Haarrisse zu erkennen sind. Es ist noch nicht die Diktatur, sondern ihr Wetterleuchten. [...] Das Klima wird rauer – wie reagieren Figuren darauf, und wie reagieren sie aufeinander?«[7]

5 Alexander Eiling, »Zeitenwende. Lasersteins Abend über Potsdam«, in: *Städelblog*, blog.staedelmuseum.de/lotte-laserstein-abend-ueber-potsdam/ (Stand: 8. 3. 2021).

6 Dorte Lena Eilers, Lutz Hübner und Sarah Nemitz, »Das Warum-Erbe«, in: *Theater der Zeit* 4 (2017), www.theaterderzeit.de/2017/04/extra/35104/ (Stand: 9. 3. 2021).

7 Ute Scharfenberg, »Ein Bild vom Abschied« [Auszug aus einem Gespräch der Autoren Lutz Hübner und Sarah Nemitz mit

Um diese Fragen im Drama adressieren zu können, war es von Vorteil, dass mit Lotte Laserstein nur eine Figur vorkam, deren Biografie historisch klar fixiert war, während die anderen Charaktere fiktional weitreichend ausgestaltet und damit in gewisser Hinsicht auch repräsentativ werden konnten. Allerdings gibt es beim restlichen Personal graduelle Unterschiede: Traute Rose und ihr Ehemann Ernst sind nämlich als Freunde Lasersteins ebenfalls historisch verbürgt, allerdings sind über sie heute nur wenige Informationen verfügbar. Bei Traute Rose, die für die Malerin oft Modell stand und offenbar sehr vertraut mir ihr war, kommt es sogar mitunter zu Verwechslungen: »Es gibt eine Namensvetterin […], die damals ein kleiner Star war. Sie wird in einigen Quellen Lotte Laserstein zugeordnet, und die Identitäten der beiden Traute Roses werden übereinandergelegt. Das ist falsch, aber es brachte uns dazu, die Figur der Traute Rose in den Theaterkontext zu setzen, deshalb hat [ihr Ehemann] von uns auch den Theaterposten bekommen.«[8] Von Ernst Rose, dem Gatten, weiß man noch weniger, »[v]on ihm ist nur bekannt, dass er als Journalist, Dramaturg, vielleicht auch als Dramatiker tätig war«.[9] Diese biografischen Leerstellen ermöglichten es Hübner und Nemitz, ihn zum Mitarbeiter »eines Possentheaters in einem Nazibezirk« (S. 54) zu machen, der vor allem auch an

dem Ensemble und Regieteam der Inszenierung], 7. 2. 2017, in: Programmheft des Hans Otto Theaters zur Premiere von *Abend über Potsdam*, S. 6–10, hier: S. 6.

8 Scharfenberg (s. Anm. 7). Gemeint ist die Schauspielerin Traute Rose (1904–1997), die als Traute Kummer geboren wurde und als Schauspielerin, Hörfunksprecherin und Synchronsängerin populär war.

9 Ebd.

seinem Publikum die Veränderungen der Zeit beobachtet und ihm schließlich nicht mehr traut (vgl. S. 20).

Die weiteren Figuren sind von Hübner und Nemitz frei erfunden, wenn sie auch mehr oder weniger konkrete Vorbilder haben. Bodo Imhoff etwa ist »ein bisschen angelehnt an Schriftsteller wie Arnolt Bronnen oder auch Johannes Tralow, die ihr Fähnchen nach dem Wind hingen und immer wieder Protagonisten der jeweiligen Zeit wurden. Durchaus auch aufgrund existenzieller Erwägungen.«[10]

Mit Maria Goldmann wollten die Autoren »eine ganz andere Farbe in die Figurenkonstellation bringen«.[11] Als Tochter einer aus einem osteuropäischen Schtetl stammenden Mutter gehört sie zur Berliner Unterschicht, die massiv ums Überleben kämpfen muss. Darüber hinaus gerät sie

10 Scharfenberg (s. Anm. 7). Der österreichische Schriftsteller, Dramatiker und Regisseur Arnolt Bronnen (geboren als Arnold Bronner; 1895–1959) war in den 1920er Jahren zunächst mit Bertolt Brecht befreundet und verkehrte in linken Kreisen, ehe er sich zunehmend der nationalsozialistischen Bewegung zuwandte. Nach 1933 war er zunächst erfolgreich, ehe er wegen seiner früheren Nähe zur politischen Linken mit Publikationsverbot belegt wurde. Er engagierte sich später im Widerstand. Nach dem Krieg lebte er zunächst wieder in Österreich, ehe ihm dort sowohl seine linke als auch seine rechte Vergangenheit Probleme bereiteten. Er siedelte schließlich in die DDR über, wo er auch nur noch mäßigen Erfolg hatte. Die Brüche im Leben des Romanautors und Dramatikers Johannes Tralow (1882–1968) waren weniger offensichtlich, doch auch er arrangierte sich zumindest mit den Nationalsozialisten zwischen 1933 und 1945. Nach dem Krieg wurde er Präsident des PEN-Zentrums Ost und West; er siedelte später ebenfalls in die DDR über, wo er – zeitweise in bescheidenem Maße erfolgreich – auch starb.

11 Ebd., S. 7.

zwischen die Fronten eines innerjüdischen Konflikts: Alteingesessene jüdische Familien stehen den Flüchtlingen aus Osteuropa mitunter feindlich gegenüber, weil sie fürchten, diese lieferten mit ihrer sichtbar ›anderen‹ Lebensweise den Antisemiten scheinbare ›Argumente‹ für eine weitere Eskalation. Im Drama berichtet Maria von einer entsprechenden Begegnung mit einer »Frau Doktor Ashkenasy« (S. 27), die sie – obgleich selbst jüdisch – brüsk als Bedienstete ablehnt, weil sie keine jüdischen Angestellten haben will. Maria reagiert auf diese Ablehnung ihrerseits mit einer wüsten, ausgerechnet antisemitischen Beschimpfung, die ihr sogar Erleichterung verschafft: »Das hat gutgetan, einfach mal Judensau zu brüllen.« (S. 27)[12]

Die junge Telefonistin Lise ist sicher die Figur, deren Veränderung am drastischsten ausfällt innerhalb des knappen Jahres, das die Handlung umfasst. Ist sie anfangs für Lotte Laserstein vor allem interessant, weil sie jung und unabhängig, auch ein wenig wild erscheint und damit dem Typus der ›modernen Frau‹ entgegenstrebt,[13] entwickelt sie durch

12 Die Stelle illustriert weniger das Klischee eines angeblichen ›jüdischen Selbsthasses‹ (wie er seit der Wende zum 20. Jahrhundert immer wieder behauptet wird) als vielmehr die fatale (psychische) Attraktivität simpler Feindstereotype, deren Aktivierung in Bedrängnis einem mitunter ein zustimmendes – oder wie hier: »kicherndes« – Publikum und damit die Aufnahme in eine ›Feindbildgemeinschaft‹ sichert, selbst wenn man ihr eigentlich nicht angehört.

13 Lotte fasst ihre Faszination so zusammen: »Ich mochte das Trampel, ich mochte deine Geschichten, wie du dich schminkst und dein Leben genießt, ausgehst, arbeitest, unabhängig bist, dein eigenes Geld verdienst, deine Frechheit, alles was du tust und was ich in deinem Alter nicht konnte.« (S. 72) Im Interview

ihre Beziehung zu einem SA-Mann rasch andere Züge: Gegen Maria, die ihr zunächst als Vorbild erschienen war, wird sie antisemitisch ausfallend (vgl. S. 64), und ihre neuen Ideale heißen nun Familie und Pflichterfüllung (vgl. S. 73). Wenn auch auf Lasersteins Bild von Anfang an für die »Mitte des Tisches« (S. 16) vorgesehen, füllt sie erst ganz zum Schluss – in einem Kleid, das die »Judasfarbe« (S. 70) Gelb hat – die letzte Leerstelle im Gemälde, als eine Figur, die Laserstein im Stück in die Nähe von Fausts Gretchen rückt: Verliebt in einen, der im Bunde mit dem Teufel ist und dadurch ohne eigenen Antrieb mitschuldig wird (vgl. S. 73).

Für die Entwicklung aller Figuren galt für das Autorenpaar Hübner und Nemitz die Maßgabe, mit ihnen »an diesem historischen Zeitpunkt zu verweilen«: »Man darf [...] kein Stück über die Zeit der Wirtschaftskrise schreiben und den Holocaust schon mit einweben. Der Zeitpunkt, wo eine Figur wie Bodo beim *Völkischen Beobachter* landet, weil er keinen Job mehr hat, ist ein Moment, wo auch Leute wie Gottfried Benn noch eine Art von Begeisterung für die NSDAP empfanden, weil sie als junge, starke Bewegung galt. Während Tucholsky in der *Weltbühne* schon früh beschrieb, worauf das hinauslaufen kann, sagten andere: ›Endlich will mal wieder jemand was.‹ Die Bewegung hatte vor allem auch für junge Leute einen absoluten Reiz.«[14]

Was sich zwischen den so unterschiedlichen Figuren

für das Programmheft des Hans Otto Theaters (s. Anm. 7) verweist Lutz Hübner in diesem Zusammenhang zu Recht auf Irmgard Keun (1905–1982), die diesen Typ Frau in ihren frühen Büchern literarisch beschrieb.

14 Beide Zitate aus dem Interview mit Dorte Lena Eilers in *Theater der Zeit* (s. Anm. 6).

entwickelt, ist nicht wirklich spektakulär, es vermag aber zu illustrieren, wie sich langsam die politische und menschliche Tektonik zwischen ihnen verschiebt, wie ihre Beziehungen auseinanderstreben, bis schließlich eine Verständigung nicht mehr möglich scheint. Bodo und Ernst verkörpern dabei die zwei Pole, die sich immer weiter voneinander entfernen: Während sich Ernst als zunehmend verzweifelter Demokrat den Entwicklungen entgegenzustemmen versucht, ist Bodo zunächst aus der Not heraus ins rechte Lager gewechselt. Im Verlauf des Stückes beginnt er aber auch zu glauben, was er als »Mietfeder« (S. 37, 40) für seine Auftraggeber schreiben muss: »Die Demokratie hat versagt, [...] wer nimmt die Quasselbude denn noch ernst? Die Jungen schon lange nicht mehr, die wollen politische Führer, die ihnen sagen, wo es langgeht, die wollen Gemeinschaft, die wollen, dass ihnen jemand zuhört, die wollen sich in ihrer Regierung wiederfinden, in der Gesellschaft, in der sie leben, und übrigens auch in der Kunst.« (S. 39) Zwischen den beiden Männern agieren Lotte und Traute immer hilfloser und versuchen ohne Erfolg, den Konflikt zu unterbinden, ehe auch Lotte erkennen muss, dass man sich schlicht nicht heraushalten kann. Und erneut ist es ihr eigenes Bild, das dieser Erkenntnis ›vorausgeht‹: »[A]ls ich Ernst betrachtet habe, als er das Bild betrachtet hat, wurde mir klar, dass da nicht die Freunde voneinander Abschied nehmen, sondern ich von ihnen.« (S. 78) Als Jüdin, Frau und ›moderne‹ Künstlerin steht sie »auf allen schwarzen Listen ganz oben« (S. 54)[15] – am Ende des Stückes beginnt sie zu ahnen, was das wirklich heißt.

15 Die historische Lotte Laserstein war zwar christlich getauft, wur-

Auch wenn sich Hübner und Nemitz gegen eine zu einfache Analogiebildung verwahren,[16] so sind die Bezüge des Dramas zur Gegenwart doch kaum zu übersehen. Auch heute driften westliche Gesellschaften schließlich sichtbar auseinander, machen rechte Parteien wie die »Alternative für Deutschland« (AfD) völkisch-nationale ›Angebote‹ und vermitteln bequeme Feindbilder. Die amerikanische Historikerin und Journalistin Anne Applebaum hat beschrieben, wie die »Verlockung des Autoritären«[17] inzwischen auch ihre privaten Beziehungen massiv beeinflusst hat:

> »Heute würde sie die Straßenseite wechseln, um einigen der Gäste ihrer [...] Silvesterparty [des Jahreswechsels 1999/2000] aus dem Weg zu gehen. Umgekehrt würden

de aber von den Nationalsozialisten aufgrund ihrer drei jüdischen Großeltern als jüdisch angesehen. Lasersteins Mutter wurde 1943 im Frauen-Konzentrationslager Ravensbrück ermordet, ihre Schwester konnte versteckt in Berlin überleben. – Lotte Lasersteins künstlerische Zugehörigkeit zur ›Moderne‹ muss insofern relativiert werden, da sie »als figurativ arbeitende Künstlerin« nicht zu den Avantgarde-Bewegungen ihrer Zeit gehörte, wie Alexander Eiling und Elena Schroll in einem Interview anlässlich der Frankfurter Ausstellung von Lasersteins Gemälden deutlich machen (»Wer war Lotte Laserstein? Kuratoreninterview«, *Städelblog*, blog.staedelmuseum.de/alexander-eiling-und-elena-schroll-ueber-lotte-laserstein/ [Stand: 11. 3. 2021]). Dieser Umstand ist vermutlich auch dafür verantwortlich, dass Lasersteins Werk nach dem Krieg zunächst kaum noch Beachtung erfuhr.

16 Sarah Nemitz drückt es im Interview mit *Theater der Zeit* (s. Anm. 6) so aus: »Ich möchte ›Abend über Potsdam‹ nicht als Analogie verstanden wissen, sondern mehr als Analyse.«

17 So der deutsche Titel ihres erhellenden Buches (München: Siedler, 2021).

diese keinen Fuß mehr über ihre Schwelle setzen und sich sogar schämen, damals mit ihnen gefeiert zu haben – und diese Entfremdung sei nicht privater, sie sei politischer Natur: ›Wir stehen auf entgegengesetzten Seiten eines tiefen Grabens […].‹«[18]

Um die für sie notwendige Spaltung herbeizuführen, müssten die autoritären Parteien und Bewegungen »den empfänglichen Teil der Öffentlichkeit erreichen«, so Applebaum: »Sie benötigen Angehörige der Bildungselite, die ihnen helfen, einen Krieg gegen die übrigen Angehörigen der Bildungselite vom Zaun zu brechen, selbst wenn es sich dabei um ihre Kommilitonen, Kollegen und Freunde handelt.«[19] Bodos Bemerkung im Drama, »die Zeit der Verständigung« sei »[v]ielleicht […] einfach vorbei« (S. 53), ist – so gesehen – eben nicht nur Ausdruck seines Bedauerns über die Entfremdung, sie markiert auch, worauf das Ganze hinauslaufen muss, wenn das Autoritäre gewinnen soll: auf einen willkürlich herbeigeführten, endgültigen Abbruch der Kommunikation, auf die Verweigerung eines konsensorientierten Gesprächs. Damit dieser Endpunkt erreicht wird, bedarf es zuvor der Leugnung von Fakten und der Verdrehung der Wahrheit: Mag man Lise die Naivität, mit der sie ihrem Richard die Nazi-Lügen abnimmt, noch glauben, so liegt bei Bodo die Sache anders. Er weiß natürlich, dass die SA nicht nur mal eben »über die Stränge« (S. 51)

18 Julia Encke, »Was hat uns bloß so ruiniert?«, in: *Frankfurter Allgemeine Zeitung*, 9. 3. 2021, www.faz.net/aktuell/feuilleton/buecher/autoren/anne-applebaums-neues-buch-die-verlockung-des-autoritaeren-17229070.html (Stand: 11. 3. 2020).
19 Ebd.

schlägt oder dass es sich bei deren Straßenterror um »Randerscheinungen« (S. 51) handelt, sondern seine Behauptungen haben nur ein Ziel: die eigene Wahrheit durchzusetzen, indem das Gespräch mit dem »Demokrat[en]« (ebd.) Ernst unmöglich gemacht wird. Genau an solchen Stellen haben Hübner und Nemitz durch ihre geschickte Versuchsanordnung der Figuren herausgearbeitet, wo sich die Krisenzeiten damals und heute vergleichen lassen. Keinem Leser, keinem Zuschauer des Dramas werden diese Ähnlichkeiten entgehen, nicht zuletzt weil die Autoren einer Übertragung der Verhältnisse auch sprachlich sanft aufhelfen. Immer wieder nämlich greifen Figuren auch zu Formulierungen und Phrasen, die dem heutigen Sprachgebrauch entstammen und nicht dem um 1930.[20]

Für manch einen Rezensenten der Uraufführung, die am 7. April 2017 im Hans Otto Theater in Potsdam über die Bühne ging, waren die Verweise in die Gegenwart offenbar auch zu deutlich, so etwa für Lars Grote, der für die *Märkische Allgemeine* bemängelte, es liege »etwas Pädagogisches über dem Stück, das in Lasersteins Gemälde glücklicherweise völlig fehlt«.[21] Überhaupt konnte der Kritiker mit der Idee, ein Bild zum Gegenstand eines Dramas zu machen, nur wenig anfangen:

20 Ein Beispiel ist die verkürzte Formel »alles gut«, die im Drama mehrfach vorkommt (z. B. S. 13, 59 f., 63, 66). Sie lässt sich erst seit wenigen Jahren vermehrt im aktiven Sprachgebrauch nachweisen. (Ich danke meinem Kollegen Thomas Gloning für entsprechende Hinweise.)

21 Lars Grote, »*Abend über Potsdam* überzeugt nicht«, in: *Märkische Allgemeine*, 8. 4. 2017, www.maz-online.de/Lokales/Potsdam/Abend-ueber-Potsdam-ueberzeugt-nicht (Stand: 9. 3. 2021).

»Ein Gemälde ist ein Idealzustand – riskant wird es, wenn man dieses Bild in Bewegung setzt. Möchte man die Mona Lisa nach dem Lächeln sehen? Und sie reden hören? Vielleicht erzählt sie, wie ihr vorhin der Fisch angebrannt ist. Oder der Fingernagel bei der Maniküre abbrach. Dann wäre Mona Lisa nur noch eine unter vielen. Eine hübsche, doch geheimnislose Frau. Das Bild wäre entzaubert.«[22]

Ganz überwiegend wurden das Stück und seine Inszenierung jedoch positiv aufgenommen. So zeigte sich etwa Irene Bazinger in der *Frankfurter Allgemeinen Zeitung* äußerst angetan und lobte zunächst die »subtil ausformulierte, chronologische Szenenfolge«.[23] Insgesamt urteilte sie: »[S]o bewundernswert es den Autoren gelingt, alles Plakative zu vermeiden, so behutsam, genau und ohne Furcht vor Empathie entwickelt Isabel Osthues ihre schöne, gelassene, geduldig den diskursiven Windungen folgende Inszenierung.«[24]

Die zu großen Teilen positive Aufnahme durch die Zuschauer und die Kritik dürfte eben auch und gerade daran gelegen haben, dass das Drama nicht nur historisch erzählt

22 Grote (s. Anm. 21).

23 Irene Bazinger, »Ein echtes Bild der Zeit. Das Hans Otto Theater inszeniert einen Abend mit dem Personal und zur Entstehungsgeschichte von Lotte Lasersteins Gemälde ›Abend über Potsdam‹«, in: *Frankfurter Allgemeine Zeitung*, 10. 4. 2017, S. 12.

24 Ebd. In der Uraufführung spielte Marianna Linden die Malerin Lotte Laserstein, außerdem wirkten Meike Finck (Traute), Philipp Mauritz (Ernst), Florian Schmidtke (Bodo), Zora Klostermann (Maria) sowie Nina Gummich (Lise) als Darsteller mit.

oder über die visionäre Kraft der Kunst handelt, sondern dass es uns mit seinem Blick in die Geschichte auch seinerseits einen Spiegel vorhält, »der vorausgeht«: *Abend über Potsdam*, so heißt es zu Recht in der Jurybegründung für den »Preis der Autoren 2016«, »ist ein hochpolitisches Gegenwartsstück, das in der Vergangenheit spielt«.

Sascha Feuchert

Zu den Autoren

Lutz Hübner, geb. 1964, studierte Germanistik, Philosophie und Soziologie in Münster. Einer anschließenden Schauspielausbildung an der Hochschule des Saarlandes für Musik und Theater in Saarbrücken folgten Engagements am Saarländischen Staatstheater und am Badischen Staatstheater Karlsruhe. Von 1990 bis 1996 arbeitete Hübner als Schauspieler und Regisseur am Rheinischen Landestheater Neuss und am Theater der Landeshauptstadt Magdeburg; seit 1996 ist er als freiberuflicher Schriftsteller und Regisseur tätig. Bekanntheit erlangte er u. a. auch durch seine Jugendstücke, z. B. *Das Herz eines Boxers* (1996) und *Creeps* (2000).

Sarah Nemitz, geb. 1964, studierte Tanz am Institut für Bühnentanz in Köln und anschließend Germanistik, Philosophie und Kunstgeschichte, bevor sie sich dem Schauspiel widmete. Engagements führten sie ans Rheinische Landestheater in Neuss, ans Theater der Landeshauptstadt Magdeburg und ans Theater Bielefeld; daneben wirkte sie in Filmproduktionen mit.

Das Duo verfasste ab 2001 zahlreiche erfolgreiche Theaterstücke und Drehbücher, darunter *Frau Müller muss weg* (2010, Verfilmung 2015), *Die Firma dankt* (2011, Verfilmung 2017), *Abend über Potsdam* (2017), *Furor* (2018) und *Die Wahrheiten* (2020), und gehört zu den auf deutschsprachigen Bühnen meistgespielten Dramatiker:innen.

***

Sascha Feuchert, geb. 1971, ist Professor für Neuere deutsche Literatur mit dem Schwerpunkt Holocaust- und Lagerliteratur und ihre Didaktik am Institut für Germanistik an der Justus-Liebig-Universität Gießen.

Inhalt

Theater der Gegenwart

Dramentexte preisgekrönter zeitgenössischer Autor*innen in Einzelausgabe – thematisch relevant für eine junge Zielgruppe.

Folgende Bände sind bereits erschienen:

- **Lutz Hübner: Das Herz eines Boxers** (UB 14331)
- **Lutz Hübner / Sarah Nemitz: Abend über Potsdam** (UB 14175)
- **Lutz Hübner / Sarah Nemitz: Furor** (UB 14288)
- **Daniel Kehlmann: Die Reise der Verlorenen** (UB 14553)
- **Rebekka Kricheldorf: Homo Empathicus** (UB 14261)
- **Loher, Dea: Unschuld** (UB 14205)
- **Armela Madreiter: südpol.windstill** (UB 14622)
- **Thomas Melle: Bilder von uns** (UB 14203)
- **Ewald Palmetshofer: die unverheiratete** (UB 14285)
- **Bernhard Schlink: 20. Juli. Ein Zeitstück** (UB 14465)
- **Petra Wüllenweber: Netboy** (UB 14401)

Reclam

Yacek | Begeisterung wecken

Bildung und Unterricht